衢州文庫 區域文化集成

無遠弗屆

龍游商幫

勞乃強 黃國平 著

商務印書館
The Commercial Press
創于1897

图书在版编目（CIP）数据

无远弗届：龙游商帮／劳乃强，黄国平著．—北京：商务印书馆，2017
（衢州文库）
ISBN 978-7-100-12900-8

Ⅰ.①无… Ⅱ.①劳… ②黄… Ⅲ.①商业史-研究-龙游县 Ⅳ.①F729

中国版本图书馆CIP数据核字（2017）第007516号

无 远 弗 届
——龙游商帮
劳乃强 黄国平 著

商 务 印 书 馆 出 版
（北京王府井大街36号 邮政编码100710）
商 务 印 书 馆 发 行
山东鸿君杰文化发展有限公司印刷
ISBN 978-7-100-12900-8

2017年1月第1版 开本710×1000 1/16
2017年1月第1次印刷 印张 13.75
定价：42.00元

《衢州文库》总序

陈　新

　　衢州地处钱塘江源头，浙闽赣皖四省交界之处，是一座生态环境一流、文化底蕴深厚的国家历史文化名城。生态和文化是衢州的两张"金名片"，让250多万衢州人为之自豪，给众多外来游客留下了美好的印象。

　　文化是一个地方的独特标识，是一座城市的根和魂。衢州素有"东南阙里、南孔圣地"之美誉，来到孔氏南宗家庙，浩荡儒风迎面而来，向我们讲述着孔子第48代裔孙南迁至衢衍圣弘道的历史。衢州是中国围棋文化发源地，烂柯山上的天生石梁状若虹桥，向人们诉说着王质遇仙"山中方一日、世上已千年"的传说。衢州也是伟人毛泽东的祖居地，翻开清漾村那泛黄的族谱，一部源远流长的毛氏家族史渐渐清晰……这些在长期传承积淀中逐渐形成的文化因子，承载着衢州的历史，体现了衢州的品格，成为衢州人心中独有的那份乡愁。

　　丰富的历史文化遗产是衢州国家历史文化名城的根本，是以生态文明建设力促城市转型的基础。失去了这个根基，历史文化名城就会明珠蒙尘、魅力不再，城市转型也就无从谈起。我们要像爱惜自己的生命一样保护历史文化遗产，并把这些重要文脉融入城市建设管理之中，融入经济社会发展之中，赋予新的内涵，增添新的光彩。

　　尊重和延续历史文化脉络，就是对历史负责，对人民负责，对子孙后代负责。对此，我们义不容辞、责无旁贷。近年来，我们坚持在保护中发展、在发展中保护，对水亭门、北门街等历史文化街区进行保护利用，复建了天王塔、文昌阁，创建了国家级儒学文化产业试验园区，儒学文化、古城文化呈现出勃勃生机。我们还注重加强历史文化村落保护，建设了一批农村文化礼堂，挖掘整理了一批非物质文化遗产，留住了老百姓记忆中的乡愁。尤为可喜的是，在优秀传统文化的涤荡和影响下，衢州凡人善举层出不穷，助人为乐蔚然成风，"最美衢州、仁爱之城"已成品牌、渐渐打响。

《衢州文库》对衢州悠久的历史文化进行了收集和汇编，旨在让大家更加全面地了解衢州的历史，更好地认识衢州文化的独特魅力。翻开《衢州文库》，你可以查看到载有衢州经济、政治、文化、社会等沿革的珍贵史料文献，追溯衢州文化的本源。你可以了解到各具特色的区域文化，感悟衢州文化的开放、包容、多元、和谐。你可以与圣哲先贤、仁人志士进行跨越时空的对话，领略他们的崇高品质和人格魅力。它既为人们了解和传承衢州文化打开了一扇窗户，又能激发起衢州人民热爱家乡、建设家乡的无限热情。

传承历史文化，为的是以史鉴今、面向未来。我们要始终坚持继承和创新、传统与现代、文化与经济的有机融合，从优秀传统文化中汲取更多营养，更好地了解衢州的昨天，把握衢州的今天，创造衢州更加美好的明天。

文化传承的历史担当（代序）

由衢州市文化广电新闻出版局组织编撰的《衢州区域文化集成》与《衢州名人集成》出版发行了，这两套集成内容广泛，门类齐全，特色鲜明，涉及衢州的历史文化、民情风俗、文学艺术、乡贤名人等方方面面，是一项浩大的文化工程，是一桩当今的文化盛事，也是近年来一项重要的文化成果。古人说：盛世修志，盛世修书。这两套集成的应运而出，再次见证了今天衢州文化的繁荣和兴旺。

衢州是国家历史文化名城，地处浙、闽、赣、皖四省交界，是多元文化交汇融合的独特地域，承载着九千多年的文明，可谓历史悠久，人文璀璨，有着丰富多样又特色鲜明的地方文化。一方水土养一方人，一方人又创造一方文化，因此，就衢州的文化而言，无论是以儒家文化为核心的主流文化，还是质朴自然的民俗文化，都打上了鲜明的地域印记，有着别具一格的风采和神韵，这就是我们昨天的一道永不凋谢的风景！是衢州人的精神因子与文化内核，是衢州人文精神的源头。

一个地方的文化传统、文化内涵、文化底蕴、文化品位如何，靠的不是笔墨和口水，而是靠我们拥有的那份文化遗存，靠固有的文化资源和独特的人脉传承，靠历史留下的那份无需争辩的文化财富。这两套集成就是要对衢州优秀的文化传统与当代文化进行全面的整理，并进行深入研究，分类撰写，汇编成册，把那些丰富的文化内涵充分地展示出来，让那些久远的同时又是优秀的历史文化走出尘封，让那些就在身边的优秀当代文化更清晰，让它们变得可以亲近，可以阅读，可以欣赏，可以触摸，可以感受，让优秀的地方文化焕发光彩！

优秀的地方文化是我们与前人共同创造的宝贵精神财富，是我们共同的精神家园，是我们共同的文化之根，是我们世代传承的精神血脉。传承优秀文化，是我们今天应有的历史担当，也是当下经济发展社会进步的客观需要。习近平总书记在纪念孔子诞辰2565周年国际学术研讨会暨国际儒学联合会第五届会员大会开幕式上的讲话中指出："科学对待文化传统。不忘历史才能开辟未来，善于继承才能善于创新。优秀传统文化是一个国家、一个民族传承和发展的根本，如果丢掉了，就割断了精神命脉。我们要善于把弘扬优秀传统文化和发展现实文化有机统一起来，紧密结合起来，在继承中发展，在发展中继承。"我们出这两套集成的最根本目的就是要继承优秀的传统文化，又在继承中发展当下的文化，推进我们的文化强市建设，丰富城市的文化内涵，提升城市的知名度和美誉度，助推衢州经济社会的发展繁荣。

在今天新的历史时期，全市人民正团结一心，意气风发，开拓创新，为实现美丽的中国梦、美丽的衢州梦而奋发努力。在这种时代背景下，更需要有优秀的人文精神来凝聚人心，焕发激情，启迪心智，加油鼓劲！《衢州区域文化集成》与《衢州名人集成》的出版，就是顺应这一需要，通过接地气，通文脉，鉴古今，让昨天的文化经典成为我们今天追梦路上新的历史借鉴和新的精神动力！

衢州区域文化集成　　
编委会
衢州名人集成　　

2015年12月

目　录

前　言

马克思在《资本论》第3卷中指出：

一个社会，不能没有商人，近现代社会，则更是如此。商人、商品和商业资本，是推动社会发展的一种积极因素。商人可以存在于任何社会的微小的隙缝中，为自己开辟出一个活动的小天地。这种顽强的生命力，遇到适当的机会便会勃发出旺盛的生机，以至在一定的历史时期里，商业竟然"发生过压倒一切的影响"。

龙游商帮的出现，无疑是龙游历史上，也是衢州历史上的一件大事和一大亮点。

原浙江省社会科学院历史研究所所长、研究员陈学文先生对"龙游商帮"构成的界定："龙游商帮是以龙游县来命名的，实是指浙西地区的商人资本集团，包括了主要是衢州府西安、常山、开化、江山、龙游五县和金华府兰溪县、绍兴府的会稽、山阴县等的商人总称，因其中以龙游商人人数最多，经商手段最为高明，活动范围最广，积累资金最多，故冠以龙游商帮之名。"[1]这就说明，龙游商帮不仅仅属于龙游一个县，而是属于历史上的整个衢州府，属于当时衢州

---

〔1〕陈学文：《龙游商帮》，台湾万象图书股份有限公司1995年，第23页。

府的5个县甚至更广。

陈学文先生同时指出了龙游商帮经历的三个阶段:"萌发于南宋,鼎盛于明清,衰落于清光绪以后。"[1]并详述:"自明中叶至清中期为龙游商帮最活跃时期。他们以自己能力和财力,打入全国商帮行列。以血缘和地缘为纽带,联合了以龙游为中心的衢州府各邑的商人,以龙游商帮为旗号,活跃于江南、京师、秦晋、云南乃至海外,与各商帮相角逐而称雄于一方,故有'遍地龙游'之谚。"[2]这一切说明,如果说南宋时期的衢州商人还存在于"微小的隙缝中,为自己开辟出一个活动的小天地",那么到了明朝中叶,具体说就是明朝的隆庆、万历年间,衢州商人终于以商帮的形态,活跃于中国大地,为自己争得一份荣誉和地位,形成了"遍地龙游"的燎原之势,从而"勃发出旺盛的生机",发生了"压倒一切的影响"。

这个阶段,在中国历史上来讲,是颇令人玩味的。一方面,漫长的封建社会已进入后期,积弊愈久,问题愈多,各种社会和阶级矛盾已处于一触即发的程度。加上神宗朱翊钧,乃是一个三十年晏处深宫而"陛下万事不理"[3],被当时的首辅沈一贯称为"皇上视财太重,视人太轻;取财太详,任人太略"[4]的昏君。历史上有名的"国本之争"和"东林党争"都发生在万历朝,所谓"梃击案""红丸案""移宫案"的"明朝三大案",也发生在明神宗逝世前后,因此学界将明皇朝的最后覆灭,归咎于神宗:"故论者谓明之亡,实亡于神宗。"[5]

从经济史的角度来看,万历朝又是一个重要的转折点。中国封建社会经过漫长的发展演变,到16世纪,农业经济中商品经济的成份日益增大,商品经

---

〔1〕陈学文:《龙游商帮》,第24页。
〔2〕陈学文:《龙游商帮》,第30页。
〔3〕《明史》卷二四〇《叶向高传》。
〔4〕《国榷》卷七十九。
〔5〕《明史》卷二十一《神宗纪》。

济在广度和深度方面都得到快速发展，出现了十分活跃的局面，一批工商业小城镇开始形成。万历九年（1581年），首辅张居正全面推行"一条鞭法"赋役制度改革，将各种名目的赋役折成银两，以附加税的形式遍加于全境的土地，不分贫富，计亩征银。也就是说，只要交足了银两，就不必再亲自去服徭役，不必再以实物缴纳皇粮国税。推行一条鞭法的目的是为了尽可能多地搜刮民脂民膏，但在客观上讲，这一改革有利于人们从土地的束缚中挣脱出来，专心从事农业以外的手工业或商业活动，"或给帖充斗秤牙行，或纳谷作稑籴经纪，皆投揣市井间，日求升合之利，以养妻孥"[1]，形成"燕赵秦晋齐梁江淮之货，日夜商贩而南；蛮海闽广豫章南楚瓯越新安之货，日夜商贩而北"[2]的活跃局面。

值得庆幸的是，这个重要的历史机遇，我们衢州人抓住了。自南宋开始萌发的龙游商帮，伴随着农产品的商品化起家，随着商品经济的发展而发展，"一些地区性的商帮，如徽州商帮、山陕商帮、广东商帮、福建商帮、江西商帮、洞庭商帮、龙游商帮等，它们以地域为中心，以血缘、乡谊为纽带，以会馆为联系场所，相互帮助、相互提携，形成一支支颇有活力的生力军，纵横驰骋于商界，操纵着某些地区和某些行业的商业贸易，在中国商业发展史上谱写了极其光彩的一页"。[3]在陈剩勇著《浙江通史》，也有"龙游商帮也是明代浙江大有名气的商人集团之一"的记载，并说："徽商和龙游商人，无疑算得上是当时中国最善于经商的商人集团。"[4]因此，从商业的角度来说，当时的衢州，可谓是走在全国前列的。

正是由于龙游商帮的活跃，引发了衢州社会经济的一系列变化，影响所及，不仅惠及当时，其深远的意义，至今依然若隐若现地存在、显示着。对此，

---

〔1〕吕坤：《去伪斋集》。
〔2〕李鼎：《李长卿集》卷二。
〔3〕白寿彝主编：《中国通史》第九卷上册，上海人民出版社2004年，第345页。
〔4〕陈剩勇：《浙江通史》第7卷，浙江人民出版社2005年，第274页。

我们对开风气之先的先辈们满怀深深的敬意和感激，感谢他们以非凡的勇气和毅力，以敢为天下先的开拓精神，开创了一段历史的辉煌，也为后人传递和召示了一种精神的力量。

同时，我们对龙游商帮的研究者们也满怀深深的敬意和感谢。正是他们的耙梳钩沉，提炼概括，从片言只语的零星资料入手，反复研究，上下求索，终于拨开历史的迷雾，将这一段历史真相再现在世人面前，才使先辈的业绩不再湮没无闻，才使后人有了追寻的方向和目标。

尽管也有人对龙游商帮是否真正成"帮"有不同的看法，也有人对"十大商帮"之说提出质疑，认为是中国文人"十景病"的一种反映（详见本书第一章）。但有一个重要史实是不能否认的，那就是在中国商业发展的一个重要的转折点，以龙游商人为代表的衢州商人，有着不俗的表现，作出非凡的贡献，他们顺应历史的潮流，抢占商机，并一度引领时代的潮流，产生重要而深远的影响。不然的话，又怎么会有"龙游商帮"的提出和争论呢？相对学术界的讨论，倒是我们衢州人自身少有论述，这就难免有愧对先人之讥了。也正是出于这一考虑，才有了我们这本《无远弗届——龙游商帮》的编写。

由于长期的封建统治，历史上素来重农抑商。二十四史，基本上以帝王将相为主体，我国的历史研究，也长期存在重人文轻经济的倾向。商业资料的记载，历史上一直未受到应有的重视，商业史的研究起步甚晚，龙游商帮的研究更受到种种客观条件的制约。《无远弗届——龙游商帮》的编撰，正是基于这样的考虑，目的在于整理已有的研究成果，拓展研究的思路，补充研究的史实，完善研究的成果。当我们回首历史，想在这茫茫史海中完整地勾勒出龙游商帮的面貌时，却又不得不为资料的缺失而困惑，因此我们更侧重于历史资料的搜求和田野调查的挖掘，为探索这一段历史尽我们的微薄之力。

当然，限于自身学养的不足，我们的探索还不全面，远未深入，也难免存在失误，我们切盼大家的批评和指正。

第一章　龙游商帮研究综述

"龙游商帮"的命题，是原浙江省社会科学院历史研究所所长、研究员陈学文先生最早提出来的。在浙江省社会科学院主办的2003年第7期《信息参考》杂志中，陈学文发表《我与龙游商帮的研究》一文，叙述其关于龙游商帮研究的经历。

陈先生首先论述了关注这一问题的起因：

> 1958年我撰著《论徽州商业资本的形成及其特色》前后，为研究中国商业资本而选择徽州商人资本作为典型个案而进行深入剖析，当时在古典籍中已看到"钻天洞庭遍地徽""无徽不成镇""遍地龙游"等流行于明代中叶的民间谚语，确已反映了当时社会良商善贾群体活动的事实。徽商、洞庭商（以太湖中东西洞庭山为主体的苏商）、龙游商（以龙游商为主体的浙商中衢商群体）这三股商流在商坛中三足鼎立的局势，而龙游商颇具规模引起了我的注意。也就是"遍地龙游"一句话启示我，说明龙游商足迹已遍布全国，并具有相当规模。但当时苦于缺乏资料，不能单凭一句谚语就可以做文章。

> 科学研究不同于文艺创作，不可凭想象去构思去创作，而必须占有丰富而翔实的资料，在占有大量资料基础上进行不断地分析、综合、推断、比较、归纳、演绎，用科学的方法进行思考、研究，这个过程必然是长期的、艰苦的。

《中国十大商帮》书影

于是我在思索、在研究,有形无形的资料在我头脑中涌现、累积、沉淀,并时时刻刻注意扩大资料的范围。由于科研任务的专一和时段中课题的相对集中,战线不能拉得太长,1980年前还没有集中精力去研究龙游商帮。1980年至1990年间我注重于城市史、城镇史、对外关系史的研究,1990年至2000年间我注重明清江南区域史、商品经济史、市场经济萌芽、商品流通、商人、商帮、商书的研究。也就在这一时段中我已积累了较多的龙游商帮资料,我慢慢地形成了一个概念:明代中叶主要商帮有徽商、晋商、洞庭商、江右商、龙游商,而龙游商帮已完全有资格进入大商帮之列;龙游商帮具有鲜明的个性,在珠宝业、印书业、屯垦业、长途贩运业中占有重要地位。

接着,陈先生记述了其关于龙游商帮的论文和专著的发表和出版情况:

> 1992年中国商业史学会会长吴慧倡议为适应经济发展与学术史研究,必须撰著一部中国商帮史,请张海鹏(安徽师范大学校长)、张海瀛(山西省社科院院长)牵头,"二张"邀集国内资深商业史研究者参与其事。当时我建议应把龙游商帮列入,并以大量史实说明龙游商帮已与徽商晋商等并驾齐驱。说实在当时他们只知浙商中有宁波商帮,而龙游商帮不见经传,不被人所认可,我据理力争,并自告奋勇主动承担此一帮的撰著者,于是1993年黄山书社出版的《中国十大商帮》其他省份都只有一帮,破例地为浙江列入两帮。1995年香港中华书局和台湾万象出版公司又出版

了《中国十大商帮》港台版套书,以"天涯贾客,无远弗届"为副题以突出《龙游商帮》的个性,龙游商帮就堂而皇之进入中国十大商帮的序列,为国内外学界所认同。印在书尾上的该书出版提示说:"龙游位处山区,但地当浙闽皖赣四省通衢,水陆畅通,商民因而长期负贩四方,无远弗届,有'遍地龙游'之誉。龙游商帮在明清时最为鼎盛,曾与徽晋等帮竞逐商坛。衢商除经营四方,更试从贩运业转向手工业生产发展,进行过纵向产业结构性整合。可惜最终因未能适应近代交通与经济客观条件变化的冲击,为宁绍商所取代。"这一提示基本上将龙游商帮作了概要性的介绍。

港台版《龙游商帮》书影

当然,陈学文先生的研究远非上面写到的这么简单,而是一个长期积累、思索、研究的结果。当他去日本讲学和访问时,也曾以这一命题和日本学者进行过交流和研讨:

　　我对龙游商帮的研究不是一蹴而就,而是长期积累、思索、研究的结果。1993年我接受日本大阪大学和日本学术振兴会的邀请,以访问教授身份到东京大学、京都大学、大阪大学、名古屋大学、关西大学几所名校讲学或访问,在前四所大学讲学是以明清史、经济史为选题,只有第三站是应世界著名汉学研究中心之一———东洋文库邀请去作学术演讲,我选定《明清时期商人资本集团(商帮)专题研究之二———龙游商帮史研究》,征求日本明清史研究权威山根幸夫和东洋史研究权威斯波义信(原东京大学东洋文

《龙游商帮研究》书影

化研究所所长,时任东洋文库学术研究负责人之一)的意见,他们非常赞赏此一选题。1993年11月25日演讲开始时,主持人斯波义信教授介绍出席者数十人中竟有中山八郎、榔田节子等著名学者,我心中不免有点惶恐,80多岁高龄的中山八郎是日本公认的学术泰斗,我这位后辈学者却以不见经传的龙游商帮作为讲题,也许对他们来说很生疏,幸好我的朋友白井佐知子教授为我画了龙游及龙游商帮的示意图配合演讲,收到良好效果。演讲结束后中山八郎等以渊博的学识提出了许多问题与我研讨,更令我深入思考,促使我对龙游商帮深层次的思考和研究,从而更推进了我对龙游商帮的研究,足见文化交流对推进学术研究有重大意义。

最后,陈先生介绍了其关于龙游商帮研究的成果及其研究过程中的体会:

　　1998年后我在以前基础上再进行研究,又发现了一些新资料和提炼了新观点,其间到龙游实地考察,更增强了对龙游商帮研究的信心。2001年我写了《称雄于明清时期的龙游商帮》,刊于台湾《历史》5月期,这一期以《近代中国的著名商帮》选择了晋商、徽商、龙游商、闽商、粤商、宁波商六帮,美国《世界日报》遂于2001年6月26日全文转载。2003年2期《浙江学刊》刊了我的《中国历史上西部开发的先驱者——龙游商帮》。近期我已著成《近世中国著名商帮——龙游商帮》一书,对此作了新阐释和深论证。
　　研究商帮史是有重大意义的,商帮的出现是展示现代化因子的一个标志。著名经济学家吴承明说:"我以为在16世纪,中国已有了现代化的因子或萌芽,标志是大商帮的兴起,十大商帮有五个兴于16世纪……"(《从传统经济到现代化经济的转变》,刊于《中国经济史研究》2003年第1期)兴于16世纪的五个商帮中就有龙游商帮。在推进中国社会发展,促进封建晚期向现代化因子发展中,龙游商帮曾起过不可磨灭的作用,这一历史功绩永著史册。

从龙游商帮的研究中还启示着人们:在僻远的浙西山谷,它是姑蔑文化的发祥地,曾培育一代代人崇尚文化,知书达理,勇于开拓,走向外部世界,具有伟大的胸襟与气魄。它是中国西部开发的先驱者,在云贵边陲从事于山区开发。如今在滇缅边界仍还流着龙游商人的血脉,这种"多向天涯,远行商贾"(天启《衢州府志》卷二十五)、"万里视若比舍"(万历《龙游县志》卷二十五)的豪迈气概,远大志向,不怕艰难,勇于开拓,这种可贵的精神,正是我们今天从事于祖国社会主义建设所必需的精神。历史的优秀传统,是无价的宝贵精神财富,我们必须继承发扬,为振兴龙游社会经济文化,做无愧于龙游先人的优秀子孙。

关于龙游商帮的研究,陈学文先生无疑发挥了关键性的作用。从命题的提出,到命题的论证、研究,到成果的发表和专著的出版,以及在初步研究成果基础上的进一步深入探讨和新的著作的出版,直至成果的扩大和宣传诸方面,陈学文凭着一位学者的良知和责任感,以其历史学家的睿智和研究者不折不挠的意志,克服种种艰难困苦,经历了龙游商帮研究的全过程,也将"龙游商帮"这一个历史命题的历史价值和现实意义作了完整的探索和揭示。

第一节 问题的萌发

正如陈学文研究员在《我与龙游商帮的研究》一文中所说:"我对龙游商

帮的研究不是一蹴而就，而是长期积累、思索、研究的结果。"陈先生对龙游商帮的研究是如此，从更大层面上审视，学术界对龙游商帮的研究，也经历了一个"长期积累、思索、研究"的过程。最早关注到这方面的研究者，首推厦门大学傅衣凌教授。傅衣凌（1911—1988年），笔名休休生，福州人。曾任厦门大学历史系主任、历史研究所所长、副校长。1958年3月3日，他在《光明日报》发表《明代浙江龙游商人零拾——明清商业经济史札记之二》，首次发表了关于龙游商人的研究论文，可以说是开启了龙游商帮研究的先河。文不长，全文如下：

> 我于研究明清时代的商业资本时，曾发现一般内地的山区，也产生有不少的大小商人，这一个现象为什么会出现于明代呢？这是极为易明的道理，即当明代中叶以后中国封建经济的维持，已不是纯靠于农业上的收入，其在当时人民经济生活的计算中，田息、山息、懋迁货殖各占有一定的分量，于是商业成为人民经济生活不可缺少的部分。所以各地经济的往来，商路的开辟，即在山岭蟠结、交通不便的山国里，亦视为要政之一，以其足佐耕桑之半。拿明代闽浙赣三省毗邻地区的丘陵地带来说，这一个广大地区，省际之间的物资流通与经济往来，是很密切的。因而明代江西的赣东南山区[1]、福

---

[1] 兹姑举数例如下："金溪，民务耕作，故地无遗利。土狭民稠，为商贾者三之一。"（[清]白潢修，查慎行等纂：康熙《西江志》卷二十六《风俗·抚州府》引[明]查林庭纂修：嘉靖《江西通志》）"南城，附郭县也，近抚（州）、信（阳），次水而多商。"（[清]白潢修，查慎行等纂：康熙《西江志》卷二十六《风俗·建昌府》引[明]查林庭纂修：嘉靖《江西通志》）"瑞金，山多田少，稼穑之外，间为商贾。"（[清]白潢修，查慎行等纂：康熙《西江志》卷二十六《风俗·赣州府》引[明]赵勋修，林有年纂：嘉靖《瑞金县志》）"雩都，邑有六乡，下三乡之农惟田是务，上三乡之农遇隙为商射利，工艺作为寻常适用而已，不可谓朴乎。商之巨者，惟盐、布，其余委琐耳。"（[清]白潢修，查慎行等纂：康熙《西江志》卷一百四十六《艺文·记·明》引《雩都风俗记》）。

建的闽西北山区[1]、浙江的衢州府属，都出现有一定数量的商人。这班内地
商人在从事贩卖本地方的土特产中，逐渐获得商业上的经验，于是再跟随当
时社会经济的发展，进而插足于全国规模的活动。下面我拟就目前所搜集
到有关龙游商人的资料，进行初步的说明。

我们已知明代浙江仁（和）、钱（塘）、嘉、湖、绍兴、宁波等地素多商
贾[2]。而衢州府的西安、常山、江山，商人亦不少。

"（西安）谷贱民贫，恒产所入，不足以供赋税，而贾人皆重利，往往致
富。今之富人无不起家于商者，于是人争驰骛奔走，竞习为商，而商日益
众，亦日益饶。"[3]

"（常山）闽浙之会，习尚勤俭，业事医贾，妇人供纺织，不出户庭。"[4]

"（江山）江邑沃壤，民殷富，人肩摩，庐舍鳞次，商贾辐辏。"[5]

---

[1] 兹亦举数例如下：

"将乐，乡有苎布之利，喜于为商，或流侈靡而无实。"（[明]何乔远：《闽书》卷三十八《风俗
志·延平府·将乐县》）

"建宁，土地膏腴，专有鱼杉油漆苎麻之利，以通于商贾，郊于建昌藩郡，染而为奢俗。"
（[明]何乔远：《闽书》卷三十八《风俗志·延平府·建宁县》）

"上杭，衣冠文物，颇类大邦，百货具有，竹篝可以贾。"（[明]何乔远：《闽书》卷三十八《风俗
志·汀州府·上杭县》）

"归化，民质直无华，舟楫不通，无大商巨贩，率多市贩，以治生业。"（[明]何乔远：《闽书》卷
三十八《风俗志·汀州府·归化县》）

"永定，僻壤也。……民田耕作之外，辄工贾。"（[明]何乔远：《闽书》卷三十八《风俗志·汀
州府·永定县》）

[2] 说详拙稿《明代浙江商人的研究》，待发表。

[3] [清]陈鹏年、徐之凯纂修：康熙《西安县志》卷六《风俗志》引旧志。亦见[清]李卫、傅王露等
纂修：雍正《浙江通志》卷一百《风俗·衢州府·西安县》引[清]陈鹏年、徐之凯纂修：康熙《西
安县志》。按，西安县即今衢县。

[4] [清]杨廷望纂修：康熙《衢州府志》卷二十五《风俗》引[明]杨准、赵镗纂修：嘉靖《衢州府志》。

[5] [清]李卫、傅王露等纂修：雍正《浙江通志》卷一百《风俗·衢州府·江山县》引[清]汪浩修，
宋俊纂：康熙《江山县志》。

关于明代衢州府商人的活动情形，固然文献不多。不过就现有的资料而言，明代常山的球川纸"每数岁大造官纸，发价数千万两，往往为西安及仁、钱二县人篡名争夺"。[1]在这里，西安商人即颇活跃。而常山商人的踵接于北京者[2]，数亦不少。其中以龙游商人最为著名。天启《衢州府志》即云：

"龙游之民，多向天涯海角，远行商贾，几空县之半，而居家耕种者，仅当县之半。"[3]

其他记载亦多。

"龙游，衢之要邑也，其民庶饶，喜商贾。"[4]

"贾挟资以出守为恒业，即秦、晋、滇、蜀，万里视若比舍，俗有'遍地龙游'之谚。"[5]

故通明代龙游之俗，皆以富庶称[6]，迄于明季尚然。

"往在胜国（明代）末造，南服粗安，吾邑闾阎熙攘，烟火和乐，家家力穑服贾，足以自给。"[7]

至于龙游商人的出生地，据载："瀔水以南务耕，北尚行贾。"[8]再

---

〔1〕[清] 李瑞钟、徐鸣盛纂修：光绪《常山县志》卷二十八《食货志·物产》引 [明] 傅良言修，詹莱纂：万历《常山县志》。

〔2〕"吾邑浙东弹丸耳，旧有会馆在（京师）南城正东坊，盖前代游宦日下颇盛，而事弦高者亦踵相接，因置此为旅食者寄一枝。"（[清] 邵志谦：《重建常山会馆碑记》，见 [清] 李瑞钟、徐鸣盛纂修：光绪《常山县志》卷六十七《艺文志·文集上》）。

〔3〕[明] 林应翔、叶秉敬纂修：天启《衢州府志》卷十六《民俗志·龙游县》。

〔4〕[明] 涂杰：《建龙游城记》，见 [清] 卢灿修，许琯、余恂纂：康熙《龙游县志》卷二《建置》。

〔5〕[清] 卢灿修，许琯、余恂纂，徐起岩增修：康熙《龙游县志》卷八《风俗》。

〔6〕关于此点，[清] 李卫、傅王露等纂修：雍正《浙江通志》卷一百《风俗·衢州府·龙游县》引 [明] 商辂《县学记》，曾载："居室富庶，人物奇伟。"

〔7〕[清] 余恂：《龙游县志序》，见 [清] 卢灿修，许琯、余恂纂，徐起岩增修：康熙《龙游县志》卷首。

〔8〕[清] 李卫、傅王露等纂修：雍正《浙江通志》卷一百《风俗·衢州府·龙游县》引 [清] 卢灿修，许琯、余恂纂，徐起岩增修：康熙《龙游县志》。

具体言之,"按,龙邑土宜,……惟南乡稍有竹木纸笋之利,可以贸易他郡。……若北乡则止有柚油一项,余无可恃者。故北乡之民,率多行贾四方,其居家土著者,不过十之三四耳"[1]。那末,龙游商人是怎样经营他们的商业活动呢?上面已述明代早有"遍地龙游"之语,所以他们的活动地区是无远弗届的。而他们的经营商业的具体活动,略如下述。

首先,龙游商人以书贾为多。

"书佣胡贸,龙游人,父兄故书贾。贸少,乏资不能贾,而以善锥书往来贾书肆及士人家。"[2]

王世贞也记书贾童子鸣事:

"童子鸣者,名佩,世为龙游人。龙游地砭薄,无积聚,不能无贾游,然亦善以书贾。"[3]

这班书贾是经常地活跃于江南地区。所谓"越人多往来吾吴中,以鬻书为业",即是一例。至清初尚有龙游余氏开设书肆于娄县,经营出版业务。

"清初龙游余氏开书肆于娄,刊读本四书,字画无讹,远近购买。是时吾州学究金绩,号雪泉,主其家,实校雠之。"[4]

其二,为珠宝商。北京为明代皇都所在,又系封建贵族集居之地。特别当嘉靖(1522—1566年)、万历时代(1573—1620年),皇室、贵族、官僚对于珠宝的无厌的贪求,引起市场物价的高涨。由于这种轻细物品易能博取厚利,故龙游商人趋之若鹜。

---

〔1〕[清]卢灿修,许琯、余恂纂:康熙《龙游县志》卷四《田赋》。

〔2〕[明]唐顺之:《荆川先生文集》卷十二《记·胡贸棺记》。

〔3〕[明]王世贞:《弇州山人续稿》卷七十二《传·童子鸣传》。又[明]归有光:《送童子鸣序》亦云:"越中人多往来吾吴中,以鬻书为业。异时童子鸣从其先人游昆山,尚少也。"(《震川先生集》卷九)

〔4〕王祖畲纂修:民国《太仓州志》卷二十八《杂记下》。

"龙游善贾,多明珠、翠羽、宝石、猫睛类轻软物。千金之货,只一人自贲京师。败絮僧鞋、蒙茸蓝(褴)褛、假痈巨疽膏药,内皆宝珠所藏,人无知者。异哉贾也。"[1]

从以上记载,可以看出龙游商人经商方法的巧妙。

其三,为纺织品商。据嘉靖、万历时代各地方志的记载,在城乡之中,丝织品已成为日常的大众的消费品,这市场的扩大,自大大地鼓起商人们从事商业的热心,认为致富之源,是以龙游商人亦多业此者。

"李十二汝衡者,越之龙游人也。自其父鹤汀贾江夏,迄今人与年盖两世矣。父子饶心计,趋时不失黍累。至汝衡而资益拓,所居积绮縠纭闟,穷四方之珍异,挽舟转毂以百数,所冠带衣履,遍楚之十五郡,而善与时低昂。人或就之贳贷无所靳,亦不责子钱,久乃或负之,遂不复言。即诸部使者,若藩枲、若郡邑,有所征需,汝衡不以苦恶往,上官亦不为摧直。楚人慕其谊,争交欢汝衡,汝衡雅好客,置酒高会,佐以声伎之乐,其门填喧,诸同贾者莫敢望。"[2]

这是说龙游商人李汝衡在湖北之江夏从事丝织品的贩卖,销售于楚之十五郡;并兼营高利贷业务,且和当地的官僚进行勾结。

其四,为海外贸易商。明代嘉靖间浙江的宁、绍、嘉、湖、金华各地的商人,均曾参加海口贸易的活动。据记载,当时的龙游商人,也有参加这一部分的活动。

"今寇渠魁不过某某等数人,又每船有船主,如某某等数十人而止耳。构引倭夷,招集亡命。其他协从,大约多闽、广、宁、绍、温、台、龙游之人,或乏生理,或因凶荒,或迫豪右,或避重罪,或素泛海,或偶被掳,心各不同,

[1] [明] 王士性:《广志绎》卷四《江南诸省·浙江》。按,此引文亦见于[清]顾炎武:《肇域志》第九册《浙江》,北大图书馆藏抄本。
[2] [明] 李维桢:《大泌山房集》卷四十八《序·赠李汝衡序》。

迹固可恶,然非有心于造乱者也。"〔1〕

此外,我们还发现龙游商人,在明代中叶开矿热的鼓动下,亦有从事开矿的行动。

"嘉靖四十一年,龙游人祝十八聚矿徒数百,从江山经玉山程村往浦城,欲邀众分劫平洋铜塘,为官兵所拒,不得进。退至常山复振,集四百余人,杀伤县兵,突前至草萍,过玉山屯吴村,令其党余狗为觇,为柘阳巡检司所执。"〔2〕

从以上引文中看来,固然我们目前所能掌握的史料尚少,但亦略足以觇明代龙游商人的活动地区是广泛的。在秦、晋、滇、蜀之外,如江南、北京、湖广以及闽、粤一带都有他们活动的踪迹。并且再从龙游商人所经营的商业来说,特别他们的经营海上贸易和开矿事业,参加当时的反封建斗争,已具有自由商人的姿态,符合于封建解体期商人的特点。

末后,有一个问题,即在清代中叶以后龙游商人在中国商业史上并不占重要的地位,而却日趋衰落。如云:

"'遍地龙游'之说,久不闻矣。万历壬子志以为积习可慨。嗟夫! 今又安得有此积习也。为商贾者既不轻去其乡,所业甚微细,其稍大之商业,皆徽州、绍兴、宁波人占之,乌在其能商贾也。昔人日以地瘠民贫为忧,而又贱商轻贾,以鸣高尚,此愚所最不解者。"〔3〕

对于这个问题的解释,据我的臆测,认为有两点理由可说:一是龙游商人的衰落,与中国商业资本发展的本质有关,即在明代封建统治的压抑下,绝大多数的商业资本,仅止于流通过程而已,特别龙游本土的物产不多,而他们所经营的奢侈品商业,也缺乏坚实的社会基础,这就影响了他

---

〔1〕[明]王文禄:《策枢》卷四。

〔2〕[清]顾炎武:《天下郡国利病书》卷八十二《江西四·历代法令》。

〔3〕余绍宋、祝康祺纂修:民国《龙游县志》卷二《地理考》。

《明清社会经济史论文集》书影

们资本的扩大；一是清代中叶以后，宁波、绍兴等地商人的崛起，可能限制他们的发展。这一个推论能否成立，因目前尚乏可资证明的直接史料，姑志于此，以俟讨论。

此论文后编入中华书局2008年3月出版的傅先生的论文集《明清社会经济史论文集》。同时又编入《补记》一篇：

1979年之秋冬，余应邀来美讲学，适逢圣诞节，寒夜无俚，于耶鲁大学图书馆借读戴金编次的《皇明条法事类纂》（原藏东京大学附属图书馆，日本古典研究会影印）乙书，其中所载，有关明代前期社会经济史资料，极为丰富，见到明成化年间（1465—1487年）江西安福、浙江龙游商人分赴云南经商，贷放高利贷，为数不少，兹引用如下：

"成化元年十一月……姚安军民府阴阳学正术甘理言一件禁约游食事：切见云南远在万里，各边卫府军民相参，山多田少，不通舟车。近年雨水不调，五谷少收，米粮涌贵，过活艰难。有浙江、江西等布政司安福、龙游等县客商人等，不下三五万人，在卫府坐（生？）理遍处城市、乡村、屯堡安歇，生放钱债，利上生利，收债米谷，贱买贵卖，娶妻生子，置买奴仆，游食无度，二三十年不回原籍。"[1]

这一节记事，告诉我们龙游商人已于明初散居各处，人数之多，颇值注目。我认为，这和明初地主经济的繁荣，有一定的关系。就是朱元璋建

---

〔1〕〔明〕戴金：《皇明条法事类纂》卷十二《户部类·云南按察司查究江西等处客人躲住地方生事例》。

立政权之后,经过永乐(1403—1425年)、宣德(1426—1435年)间社会有一定的相对安定期,生产逐渐有所发展。于是各地商人为满足地主贵族的豪侈生活,他们有的从事高利贷活动,有的经营奢侈品买卖,江西、浙江商人莫不如此。有的则参预官府的专利买卖,如山陕商人的盐筴、茶马交易等。上文已知明代龙游商人以经营珠宝生意著称,即为适应这种社会环境的需要而逐渐兴盛起来的。这对于农本的封建社会是一个很大的压力,封建政府为稳定自然经济的统治,于成化年间曾下严禁奢侈之令,禁止珠宝商的活动,有一节记事,颇有可供参考之处。

　　"成化六年十二月二十六日,刑部尚书陆题为救荒事。户科都给事中丘弘等题,近来京城内外,风俗多尚奢侈,不拘官民军匠倡优下贱,既(概)用织金衣服,宝石首饰,僭拟无度;及遇婚冠大小一切酒席,皆用簇盘、糖缠、饼锭,上下仿效,习以成风,民之穷困,殆由于此。访得在京有等射利之徒屠宗顺等数家,专以贩卖宝石为事,高抬无根之价,本值一两抬至一百两;本值十两,抬至千两。甚至以进献为名,或邀取官职,或倍获价银,以富通王侯,名跨都邑。若不禁革编配,诚恐日复日,岁复岁,官私之利,皆为已有;府库之财,多入其室,蠹国病民,莫甚于此。已敕该衙门照例严加禁革。一应官民人等,务照定例服用。敢有仍前越分僭用织金花样、宝石首饰,及用簇盘、糖缠、饼锭,造者买者,许锦衣卫官校及巡城御史缉拿治罪。仍将屠宗顺等前后倍价卖过宝石等物银两,追征入官,给发赈济,以警将来。"[1]

　　对于这些珠宝商,如屠宗顺等家,虽没有明言哪里来的商人,但在禁约中,仅举榜示两京及直隶、浙江两布政司[2],这固是当时江南社会经济繁

---

〔1〕[明]戴金:《皇明条法事类纂》卷二十二《户部类·禁约奢僭例》。

〔2〕据[明]戴金:《皇明条法事类纂》卷二十二所载"禁约奢僭例"等文,关于"妇女僭用浑金衣服、宝石头面,好生违礼犯分"等,均特别提到"浙江等布政司及直隶苏松等府巡抚、巡按出榜禁约",我认为,这事似和龙游商人有关,因为明代龙游商人是著名的珠宝商。

荣的结果，但在这些珠宝商中，我疑当有龙游商人的活动在内。这一种以商人为"游食"之徒，以奢侈为致贫之原的崇俭黜奢思想，正是体现着明代社会自然经济与商品经济的激烈斗争。其在另一方面，如上引珠宝商人的攫取暴利，又表示中国商人的致富，是靠着巧取豪夺，而不是从正当的商品交换流通过程中取得利润，他们不是等价的交换，而是采取超经济的封建剥削，这样，就使得中国商人的活动与封建的榨取方式极为接近；使得中国商人不可能纯粹地从商品的流通过程中获得利润，而是和土地资本、高利贷资本相结合，甚至与官僚互相勾结，邀取官职，富通王侯。明代商人资本的封建性，也影响到有些明代江西商人即因贷放高利贷屡遭广东、云南贫民的反抗；他们的财产，也没有得到政府的保护，可以任意被没收，限制了商人要把他的资本积累积极投向经营工商业的强烈愿望。

这一个明代商人资本的封建性格，我们又在龙游商人中得到印证，故补述如上。

一九七九年圣诞节记于美国南康州新港旅馆

《补记》系作者根据新发现的史料所撰写，反映了一个历史学家治学的严谨和孜孜不倦的求道作风。正是傅衣凌教授的开创性研究，奠定了后来龙游商帮研究的基础。尽管傅教授并未将龙游商人提高到"商帮"的程度，但他所引用的史料，后来均成为陈学文研究员著作中的重要论据。

第二节　研究的深入和结论的提出

1993年10月，黄山书社出版了张海鹏、张海瀛主编的《中国十大商帮》，载录了山西商帮、陕西商帮、宁波商帮、山东商帮、广东商帮、福建商帮、洞庭商帮、江右商帮、龙游商帮、徽州商帮，其中的龙游商帮部分就由陈学文研究员撰稿。正如陈先生在《我与龙游商帮的研究》一文中所说的那样，"龙游商帮就堂而皇之进入了中国十大商帮的序列,为国内外学界所认同"。龙游商帮也是十大商帮中唯一以县名命名的商帮。作为全书的第九章,《龙游商帮》共分五节,分别是《龙游商帮产生的时空客观环境》《龙游商帮的形成与发展》《龙游商帮的活动区域与经营行业》《龙游商帮的特点》《结语》。

在第五节《结语》中,陈学文先生对龙游商帮作了如下的结论:

随着商品经济的发展与商人资本的活跃,明清时期出现了徽(州)商、晋(山西)商、洞庭(苏州)商、泉漳(福建)商、临清(山东)商、粤(广东)商等地区性的商人集团,尤以徽、晋商称雄于时。这时偏在浙江中西南部崛起了一个颇有影响的龙游商帮。明清时谚:"钻天洞庭遍地徽""无徽不成镇"。万历时又多了"遍地龙游"之谚(万历《龙游县志》卷四,南京图书馆藏胶卷本),说明龙游商与徽晋等商帮角逐于世。

明清时期在浙江中西部山区浙闽皖赣四省交界的衢州府龙游县形成了一个龙游商帮。它的形成、发展是有客观地理环境与历史条件的。

龙游商以经营高级消费品的珠宝而著名,这就要求它需具有较多的资金与一定鉴赏能力,反映了它能适趋时尚之好,获取厚利。经营文化传播媒介——书、纸业,它对社会经济的发展与文化知识的传播,起着不可低估的作用,这就是它有别其他商帮之所在。在经营方式上他们不辞艰辛,足迹遍布全国,故万历时已有"遍地龙游"之谚。

龙游商融合了一些徽商、闽商、广东商、江西商,并吸收了他们经商的经验。

一些龙游商人在明清时已开始转向手工业生产,投资于纸业商品生产,使僻静的山区也注入带有雇佣关系的新生产方式,这说明资本主义萌芽不仅在像苏杭等经济发达地区存在,就在偏僻的龙游山区也可能存在。

龙游商帮的衰落是受交通条件与近代社会经济结构的变化所影响,

同时自身又未能适应客观环境的变化而更新经商的方式，后来终于被宁绍商所取代。这说明了一个商帮的形成、发展、衰落都是有一定规律的。

毋庸讳言，当时的论述尚感粗浅，并不完整。因此当1995年香港中华书局和台湾万象出版公司分别推出《中国十大商帮》的港台版丛书时，陈先生"经过几个月的搜集资料、研究、写作，我几乎搁置了案头所有工作，放弃了应该的休息，全力以赴"（港台版《龙游商帮》后记），作了进一步的研究和补充。全书分为8章，分别是《龙游商帮产生的地理环境和历史背景》《龙游的社会经济发展》《龙游商帮的产生和发展》《龙游商帮兴衰原因的分析》《龙游商帮的活动区域和经营行业》《龙游商帮的投资去向和商业道德》《龙游商帮的特点》《龙游商帮的历史评价》。港台版《龙游商帮》内容比原先的要全面得多，完整得多，体系也趋于完整和严密。兹将陈学文所著《龙游商帮》一书的主要观点分列如下。

关于龙游商帮的组成和命名：

龙游商帮是以龙游县来命名的，实是指浙西地区的商人资本集团，包括了主要是衢州府西安、常山、开化、江山、龙游五县和金华府兰溪县、绍兴府的会稽、山阴县等的商人总称，因其中以龙游商人人数最多，经商手段最为高明，活动范围最广，积累资金最多，故冠以龙游商帮之名。主要仍以衢州府，特别是龙游商人为主体。

（见第三章《龙游商帮的产生和发展》）

关于龙游商帮发展的三个阶段：

龙游商帮的历史经历了三个阶段：萌发于南宋，鼎盛于明清，衰落于清光绪以后。

（见第三章《龙游商帮的产生和发展》）

关于龙游商帮的发展：

综观龙游商帮的发展，可见于以下数端：

（1）龙游县从商人数大有增加。龙游是一个山区县份，谋生之路必须闯出家门，跻身于商贾队伍，他们以血缘或地缘为纽带，结成商人集团，涌出龙游到全国各地经商。万历时龙游知县万廷谦就说："龙丘之民，往往半糊口于四方，诵读之外，农贾相半。"直至明末清初，弃农经高的趋势更有发展，从商者"几空县之半，而居家耕种者，仅当县之半"。迨至清乾隆时，这个从商之风有过之而无不及，人数不断增加而不可遏止。显然，从明万历经清初至乾隆间，龙游县的从商人数是有增无减。

（2）龙游商帮活动范围扩大。从行业来说，主要是从事山区土特产的外销，即竹、木、纸、茶、笋、油、粮这七个行业；以地区来说，遍及全国乃至海外。

（3）龙游商帮名声远播，吸引了外地居民徙入龙游参加龙游商帮的行列，扩大了龙游商帮的势力。徽歙为徽商的发源地，从五代宋以来已有商业资本的积聚，至明代为其繁荣期，大量向外扩展。茶木盐典为其传统经商行业，当时在全国是一个举足轻重的商帮。但明崇祯年间，歙县盐商汪文俊却携资到龙游经商。另外，高椅山李氏的始祖李祖松，乾隆年间亦从江西南丰到龙游定居后经商。外来徽赣商很快就加入龙游商帮中。

（4）龙游县因龙游商帮经商成功遂使地方富庶起来，文化昌明。隆庆、万历间任知县的涂杰，是一个关心民瘼的地方官，任内做了不少有利于龙游经济文化发展的善举，人望口碑均佳。他在《建龙游城记》中说："龙游，衢之要邑也，其民庶饶，喜商贾，士则缉学缀文取仕进。"商辂也说："龙游三衢大邑也，屋室富庶，人物奇伟。"至清代，百姓仍是安居乐业，地方富足。

（5）社会财富增加，民风渐趋奢靡。在龙游商帮发展到鼎盛期，龙游地方财富凝聚也多起来，民生富饶，安居乐业，社会习俗则因财富增加、富室日众,而消费需求欲也增长了,民风趋于奢靡。当时龙游的富家大户大都为商贾,他们的服饰多用纱绢,器皿用金银,室庐以雕琢装饰相高。婚、丧礼均讲究排场,大事铺张,以夸饰其富。如嫁女重馈媒妁,纳彩竟以银书匣金、糖罩盛馔。行葬礼则结彩亭,搭祭台,炫以金玉,极其华丽。这也从另一面反映了龙游商帮活动的成效和社会经济的繁荣。

自明中叶至清中期为龙游商帮最活跃时期。他们以自己能力和财力,打入全国商帮行列。以血缘和地缘为纽带,联合了以龙游为中心的衢州府各邑的商人,以龙游商帮为旗号,活跃于江南,京师,秦晋,云南乃至海外,与各商帮相角逐而称雄于一方,故有"遍地龙游"之谚。以自己特有的本领,独占珠宝古董文物这一行业经营,成为一商帮而令人注目。

(见第三章《龙游商帮的产生和发展》)

关于龙游商帮的活动区域:

龙游商帮足迹遍及全国各地及海外日本吕宋等国。不辞艰辛,无远弗届。龙游商如同徽商不怕山高路远,敢冒风险涉江渡水,把运商作为恒业来看待,安心于在国外经商,少有留恋乡土之念、女儿情长之意。至清中期龙游商帮尚未全失开拓精神,商人胡松就在外从商,久久不归,其父为了寻觅他而死于道上。这种忘乡忘家的专心致意于商的人,在龙游并不是个别的。

(见第五章《龙游商帮的活动区域和经营行业》)

关于龙游商帮的经商风格:

1. 不辞辛劳,无远弗届

为了扩大商品销售渠道,占领市场,他们携亲沾戚,结伴同行前去遥远的地方经商。《衢州府志》:"龙游之民,多向天涯海角,远行商贾。"商人行商到全国各地,常长期不归,例如童珮,就长期贩书于江南各地;胡松亦行商在外,久久不归。另外,更有数万人赴云南开垦经商。

2. 有守本精神

凡经商者必须有守本精神始能发家致富,不能朝秦暮楚,经常变易地方或行业。明代商贾就很注意守本精神。因为固守本业,熟悉业务,才能易辨真假优劣,对市场行情了解,并会有相对稳定的销售渠道和顾客。经常变易行业,易亏本失利,故常有数代累世为某一行业的商贾,龙游商帮中也不乏其例。如林品茂、林世伦一族,从祖父林品茂自福建上杭县迁入龙游后,与其弟林祥茂、林琼茂三人共事纸业,至第三代林世伦长期经营纸业,经验丰富,技术精当,故能积资巨万。就是亏了本暂时失利,也不轻易放弃其业,如姜益大丝绸棉布店,当原店主姜德明抵偿给胡氏兄弟时还坚持不让店号改名,经胡氏同意,由胡氏接办的商店仍用"姜益大"之名。

3. 重视商品质量

商品质量是商品的生命力,商品能否畅销当以质量为第一,龙游商帮是很注意商品质量的。如书商童珮自小从父贩书,自学成材,尤善考证。书籍是特殊商品,考证其真伪及其版本之优劣,这非有专精的知识不可。还要有良工刻刊,每一环节都要坚持高标准。童珮深得其理,加上他家藏书极富,这是校书的必备条件。所以书贾其本人必须是学问家,如明代著名藏书家、学者兼书贾汲古阁主毛晋,所刻之书皆为上乘。童珮也是如此,他有藏书万卷,皆经其手亲自雠校。因此他所刻的书畅销江南,成为书家争购的商品。此外,龙游纸商所贩的纸张,也很注意纸的质量,多道挑拣,次品不出售。售药方面,滋福堂药店重金延请名医坐堂。中药品是人命攸关之物,特殊商品必须精益求精,配药要精确不误,店员药工分工细密,层层把关,严加检查,使药品质量可靠,服之有效,货真价实,人人放心,也愿意到此店购药、配药,生意特别兴隆。职工有时忙得连吃饭时间也没有,只能以粽子、包子充饥,而脸无不快之色。职工互相帮助,店堂忙时后坊的刀工等职工都会自动来帮忙。

4. 重信誉,重然诺

在经商活动中信誉是很重要的,等于商品的字号,比商业广告还实效。凡一失信,第二次的买卖就不成了,别人决不会上当。在商业竞争中劣商往往以假冒骗,短斤缺两,以次充好的短期行为图眼前之利,或反悔成交,或不按期交货交款等,这都是历来商海竞争中习以为常的陋规弊习,但是龙游商人决不取之,很讲信用,重然诺。

如纸商傅家来开设的傅立宗纸号,坚持产品的质量决不马虎,纸张均匀,白净坚韧,同一件纸比别的纸号轻十多斤,产品行销大江南北。为了防止他商假冒,在纸件上加印"西山傅立宗"或"行傅立宗",保持商品的信誉。姜益大棉布店自从胡筱鱼接管该店以来,特别重视信誉,多次提出该店一定要做到不二价,童叟无欺,薄利多销的原则,被誉为金衢严三府第一家。为了防止银元有假,特聘了三名有经验的验银工,凡验过的银元加印上"姜益大"印记,表示真银元不假,让顾客放心上店购物。一次,从海宁布庄订购七千五百匹石门布,价值六万银元,但货未运抵龙游中途遭劫,这本不关姜益大店的事,海宁布庄已派人来处理此事,并主动提出赔偿。但胡筱鱼人品很好,重义疏财,不要对方赔偿,设宴热情款待,还当即偿付对方六万银元的布款请他再购七千五百匹石门布。从此姜益大与海宁布庄结成良好的交易关系,全力支持姜益大。货物紧俏时必首先满足姜益大的货源。姜益大在海宁布商中信誉很高,买卖也就易做。对职工很优惠,职工中年长者以叔伯相呼,同辈以兄弟、晚辈以弟侄相呼,平等待人。到年终发"红利压岁钱",春节赏给职工每人一匹布代价的奖励金,职工也乐于为店主服务。若滋福堂药号对店员也很体贴，就是年老退休了，每月汇寄退休金，此事一经传开，老少皆安心于工作。

5. 合理经营，重视讯息

粮食市场价格时有涨落，粮商必须时刻注意讯息，各大粮商派员驻守附近的各大米市（如临浦、兰溪），及时反馈讯息，以决定收放和估定粮食价格。

（见第六章《龙游商帮的投资去向和商业道德》）

关于龙游商帮对社会、经济的影响：

龙游商帮从事商业活动，将龙游山区的农副产品及其加工品，如米、竹、木、茶、油、纸等运出山区，贩销到省内外各地，促进了商品、物资的交流，使龙游经济得到发展，使闭塞的山区与外界发生联系。一定程度上还发展成为外向型、商品型的经济，把原来的自给型的自然经济逐步向商品经济推进，这也就推动了社会经济结构的演变，把单一的为生活、为生存的粮食生产作为主体的经济，逐步向综合型的商品经济前进，这也是社会经济的一大进步。

龙游乃至衢州府本是一个山区，人们世代依靠本土自然资源为生，过着很平朴的自给性生活。自从引进商业机制后，他们因地制宜开发自然资源，利用资源进行为市场所需要的加工，发展商品生产，使山区得到了开发。

龙游商帮经商走南闯北，开阔了视野，突破了安土重迁的传统，纷纷结帮成伙背井离乡，形成了"遍地龙游"局面。全国各地都有他们的足迹，加入了全国大商帮的行列，共同参与全国商品流通，对明清时期全国商品经济发展与商品市场的形成也起了很大的作用。

龙游历来习俗是过着安定的"工不务淫巧，居山之人业樵采"的生活，少与外界有接触。自从有了龙游商帮的活动，改变了千百年来的传统习俗，人们在现实生活中意识到无商不富、无商不活的道理。要提高自己的生活享受，只有走出山区，参与商帮的行列。于是到明中叶，商贾纷纷挟资以出，给封闭的山区注入了新气息。改变了传统上轻商的观念，这当然与明中叶以来整个社会风气的变化相关联。自隆庆、万历以来弃儒弃农从商之风已吹遍全国，社会上不再贱商了，这对龙游来说是一大变化，是千百年来的文化的心态一大转机，他们开始讲求功利，追求应有生活享受，走向市场，走向开放。

龙游商帮经商的成功，积累了一批资金，他们愿意投向扩大生产，投入办工矿企业，采用企业式的经营，用雇佣劳动关系代替单一的家庭生产方式。因为有了商品的市场，家庭劳动方式已不适应市场的需要，普遍地感受到劳动力缺乏，于是从江西、福建、安徽等地涌进了熟练的技术工匠。他们采用契约形式建立新型生产方式，即雇用工匠采用技术分工来进行商品生产，组成手工业作坊、工场乃至后来的工厂，这又是一大进步，在生产方式上从封建型走向资本型。

龙游商帮还参与边疆地区的经济开发，也参与海外贸易，这对促进边疆后进地区的开发，扩拓海外市场都是很有意义的，也作出了他们的贡献。

由于龙游商帮经商致富后，把资金流向本土，除了上述从事扩大再生产外，他们也很乐意为地方作奉献，创办慈善事业，修桥铺路，方便人们生活，办育婴堂等，对安定社会起了很大作用。龙游素来重视文化教育，商人办学成风，办了许多书院义塾等，提高了龙游人民的文化知识水平，也培育了一大批人才，这对龙游的经济文化发展起了很大的作用。

由于龙游商帮的中介和经商的成功，也吸引了邻省、邻府、邻县的人们向龙游移民。外来人口的迁入,对龙游经济文化的发展也是有意义的,他们融入龙游商帮之中,一起从商。外来人口的迁徙,对改善人口素质也是很有意义的。

(见第八章《龙游商帮的历史评价》)

以上是陈学文研究员的主要观点。

2004年12月,杭州出版社出版了陈学文先生的新著《龙游商帮研究:近世中国著名商帮之一》。全书分《龙游商帮诞生的条件和环境》《龙游的社会经济发展》《龙游商帮的诞生和发展历程》《龙游商帮的活动区域和经营行业》《龙游商帮的投资去向和商业道德》《龙游商帮的特点》《龙游商帮兴起和衰落原因的分析》《龙游商帮的性格与今日龙游》《龙游商帮的历史评价》九章。其间为该书的撰写,陈学文先生还专程到龙游实地考察,深入一些典型村庄查阅谱牒资料,因此在其著作中除了观点的提炼外,在内容上有较大的补充和丰满。

除了陈先生外,在其他一些人的相关著作中,也有关于龙游商帮的研究和论述。安徽大学教授曹天生在《中国史研究动态》1995年第2期发表《一部颇具特色的商人研究著作——〈中国十大商帮〉评价》,文中对于龙游商帮作有评论。曹天生后来在安徽大学出版社于2001年9月出版专著《中国商人》,其中的第五章《明清商帮:万般红紫来芳菲》也写到龙游商帮:

龙游商帮并非是由龙游一地的商人所组成,实际上包括浙江衢州府所属西安、常山、开化、江山、龙游五县的商人,其中以龙游商人人数最多,经营手段为最高明,故以龙游商帮命名。

龙游商帮萌发于南宋,最盛于明朝中叶至鸦片战争前后,衰落于光绪以后,为浙江宁波、绍兴商人所取代。

龙游商帮的特点：

第一，商帮小而经营广。龙游商帮虽小，但能量很大，他们的经营范围广，包括纸商、竹木商、茶商、油漆商、山货商、药商、书商、珠宝商、丝绸商、海商等，并以纸、书、珠宝三商为主。

第二，把资金转移到经营产业，成为"产业资本"。龙游商人的商业资本在明清时就已呈现了向产业资本转化的新趋势，他们经营的产业有矿冶业、造纸业等。

第三，融入了徽、闽、江右商人。在龙游县还有许多外籍商人寓居于此，主要有徽、闽、江右商人，这表明了龙游商帮并不排外，他们善于吸收、融合外来商业和商业文化。这些外籍商人把各自经商的经验带入了龙游商帮中，推进了龙游商帮的发展。

第四，重视文化教育。龙游商人中以书商为最有名，有的书商一边经营书业，一边读书；有的还成为著名的藏书家。

又如曾任四川大学历史文化学院客座教授的范勇先生，在其所著由西南财经大学出版社1996年11月出版的《中国商脉》一书的第三章《视野开阔的龙游商帮》中，也分"得天独厚——龙游商帮自然而然兴起""遍地龙游""龙游商的开放心态"三个方面，对龙游商帮作了论述，并特别强调了龙游商人的开放心态：

龙游商人"敢为天下先"的精神和"海纳百川"的肚量，是他们良好的经商心态的反映。他们虽然是出自一个偏僻之地，一个小衢州府，既无官府支持，又无强大的宗族势力作坚强后盾，但他们却能在强手如林的各大商帮中崛起，自立于商帮之林，如果没有良好经商素质，良好的心态是决不可能的。

从龙游商帮身上，我们可以得知后起的宁波商帮，绍兴、湖州商人，温州商人为什么能在中国睥睨群商，扬名中外的原因。

龙游商人的开放心态，还表现在他们并不以地缘关系而排斥外地商帮在本乡的经商和生活，也不反对外地商帮对本乡的渗透。他们容纳外地商人在自己家乡经商，并且相处友善，吸收融合外地商人于己帮。融入龙游商帮的外籍商人把各自的传统经验带入龙游商帮中，推进了龙游商帮的发展。

除上述曹天生、范勇两位先生的著述外，散见于报刊的篇章还有不少（详见附《研究论著一览表》）。但从总体上来看，这一切论述基本上是沿用或引申陈学文研究员的主要观点，材料也大多是陈学文先生所引用过的，除角度略有调整或多少有所发挥外，基本上未对陈学文的研究有新的突破和明显的提升。

这其实也说明了下面两个问题：

一、历史研究是一件艰苦的工作。关于中国商业史、商帮史的研究，本身就是一个新课题。由于在长期的历史时期中，商业一直处于"末业"的地位，基本上未引起过人们的研究和关注。对于一个局部地区的商业史、商帮史的研究来讲，自然更是难上加难，其论述的架构和展开，可以说是毫无参考和依傍，完完全全是一件开拓性的事。

二、同时也说明，史料的不足，更是一个客观的存在。历史研究最重要的就是史料，所谓"大胆假设，小心求证"，这求证离不开史料来提供依据，是需要大量的资料来垫底的。对于龙游来说，它只是一个偏僻小县，对于整个衢州来说，它也不过就是偏处浙江西部地区的一个州府而已，远不能如那些通都大邑的中心城市那样受到人们的关注，历史的记载本就有限，作为"末业"的商业资料，就更是少之又少了。资料的不足，不能不说是龙游商帮研究的一个短板和硬伤,也难怪会遭到人们的质疑和批评。

第三节 不同的声音

不同的声音以浙江大学历史系教授、博士生导师包伟民与浙江大学历史系博士研究生傅俊,发表在《福建论坛·人文社会科学版》2004年第3期的论文《从"龙游商帮"概念的演进说学术失范现象》为代表。论文的主旨是批评时下为某些虚假概念推波助澜的学术失范现象,这不在我们讨论范围以内,但此文对龙游商帮研究也多有批评。

一是认为"遍地龙游"之说,"看来当属龙游人之自诩,而非时人的普遍认识,其中多出自龙游人基于地方自豪感的自我夸张"。"常识告诉我们,传统文献中似此属于定性而非定量的记载,不免夸张,不能不加分析地引以为信史。""此类自我认识也许可以引为佐证,但无法直接当作论据。"

二是认为陈学文先生在《龙游商帮》一书中"明确地将'商帮'界定为以血缘与地缘为纽带形成的'商人资本集团'。可是他们对这一界定的论证,似不够充分。""我们仔细分析了前述研究者所征引的关于'龙游商帮'的所有文献记载,确乎没有发现除龙游县一地之外,而又被陈先生列为'龙游商帮'地域范围的那些地区的商人活动记载,更未将这些地区与龙游联系起来。"

三是认为关于"龙游商帮"经营内容的研究,"亦系值得重新验证之处"。文章并以珠宝和纸业为例,认为陈学文关于龙游商人"以自己特有的本领,独占珠宝古董文物这一行业经营"和龙游商人在经营纸书业中"几乎处于垄断地位"的论断均缺乏"具体的文献论据"。

通过上述三方面的论述,作者认为"龙游商人不过是这些众多地区性商人中的一分子而已,自不必将其自'商'而'帮',自'帮'而'垄断',节节拔高,脱离实际"。最后,作者的论断还是着眼于"学术失范"问题:

再进一步说，既然"龙游商帮"出自虚构，所谓明清时期"十大商帮"之说是否也需要作一番反思呢？如果我们对"十大商帮"作一番逐个验证，是否也会发现如同"龙游商帮"一样的概念虚构的情形呢？为什么偏偏是"十大"而不是其他呢？

其实，中国文人好凑整数，前贤早有批评，本不值得对它过于认真。本文的讨论当然不是在意于这是"十景病"还是"八景病"，而是希望借此引起人们对"哄抬"虚假概念这一种学术失范现象的关注。像"十大商帮"这样明显可疑的概念的流行，显然反映了学者们应有的学术质疑精神的缺失。

综上所述，我们不得不折服于包伟民教授和傅俊博士在学术研究中的严肃和认真，敬佩他们的学术质疑精神和学术担当，他们对于"学术失范"现象的论述确实切中时弊。我们也认为陈学文先生关于龙游商帮的论述在资料的支撑上确实有不足之处，论述的展开也多有不足。但是，如果因此就判断龙游商帮"出自虚构"，我们却也不敢苟同。姑不论"商帮"的界定，学界似乎尚未有权威的论述，究竟有几个"帮"能够真正经得住推敲也是一大疑问。何况从商帮来说，其结构也有松散型和紧密型的差异。龙游商人或者说龙游商帮，在中国历史上某个阶段的表现是不弱的，是有其特色和亮点的，也是有一定代表性的，这点应该是毋庸置疑的。

作为《无远弗届——龙游商帮》的第一章，我们首先汇总了在16世纪中国的经济和社会、文化已发生走向近代的变化的历史背景下，关于龙游商人（或龙游商帮）研究的各种论述，目的是将这一切作为我们编著这本书的出发点和落脚点。因为我们并非史学家，也并非经济史研究者，我们编著这本书的目的，仅仅是在学界相关论述的基础上，沿着他们的研究思路，进行相关的资料搜索和耙梳论证，为他们的研究挖掘和补充更多的史实而已。学术的研究是一件相当严肃的科学工作,学者们受各种因素的限制,其实是要非常深入地到某个具体区域去作广泛的考证工作的。当然,我们的工作也并非一味地作被动的简单"寻找",我们并不讳言"观点",正如学者的研究需要史实的支撑一样,我们的"寻找"也需要理论的指导,需要时,我们也将作一些必要的论述和探讨。借此,我们将编著本书的初衷和盘托出,也算是作一说明和交代吧。

附:研究论著一览表

题　　目	作　者	出版或发表情况
明代浙江龙游商人零拾——明清商业经济史札记之二	傅衣凌	载《光明日报》1958年5月3日。后收录于中华书局2008年3月出版的《明清社会经济史论文集》
龙游商帮概述	陈学文	发表于台湾《浙江月刊》1990年第2期。发表时用笔名"牧野"
龙游商帮	陈学文	为《中国十大商帮》一书第九章。该书由张海鹏、张海瀛主编,黄山书社1993年10月出版
龙游商帮	陈学文	专著。香港中华书局1995年1月出版
龙游商帮	陈学文	专著。台湾万象出版公司1995年1月出版
鲜为人知的中国十大商帮之一——龙游商帮	汪琴烜	发表于1995年5月22日《浙江经济报》
一部颇具特色的商人研究著作——《中国十大商帮》评价	曹天生	发表于《中国史研究动态》1995年第2期。后收录于2001年9月安徽大学出版社出版的《中国商人》一书的第五章《明清商帮:万般红紫来芳菲》
中国商脉	范　勇	专著。西南财经大学出版社1996年11月出版。其中第四章题目为《视野开阔的龙游商帮》,其他章节论及龙游商帮处也有不少
探索兴亡之道,钩沉历史辉煌——评陈学文先生的《龙游商帮》	鄢卫健	发表于浙江省社会科学院主办的《浙江学刊》1996年第6期
"龙游商帮"的衰败原因何在	赖谋新	发表于1997年1月10日《联谊报》

续表

题　目	作　者	出版或发表情况
龙游商帮评价	汪琴炬	发表于台湾《浙江月刊》第29卷12期(1997年12月10日出版)
称雄于明清时期的龙游商帮	陈学文	发表于台湾《历史》月刊2001年第5期。美国《世界日报》2001年6月26日全文转载
衢江迢迢商路长	劳乃强	载2003年1月《衢商》杂志
无远弗届,遍地龙游	劳乃强	载光明日报出版社2003年1月出版《寻找浙商》一书第43—82页
中国历史上西部开发的先驱者——龙游商帮	陈学文	发表于浙江省社科院主办的《浙江学刊》2003年第2期。中国人民大学复印报刊资料《经济史》2003年第4期全文转载
徽商与徽学	陈学文	专著。方志出版社2003年4月出版。其中第五章《徽商的比较研究》,全以龙游商帮为比较对象
我与龙游商帮的研究	陈学文	发表于浙江省社会科学院主办的《信息参考》2003年第7期
历史上的龙游商帮	陈学文	发表于中共浙江省委主办《今日浙江》2004年第5期
晚明的高官与商人——从李维桢为李汝衡立传说起	陈学文	发表于《光明日报》2004年3月23日(李汝衡为龙游商人)
龙游商帮研究:近世中国著名商帮之一	陈学文	专著。杭州出版社2004年12月出版
龙游商帮兴衰史	汪琴炬	发表于2005年3月31日《联谊报》
商帮史研究的创新成果	汪琴炬	发表于《信息参考》2005年第2期
商悟——中国商界的盈利	范勇	专著。中央编译出版社2011年7月出版,其中第三章为《视野开阔的龙游商帮》

第二章 龙游商帮的萌发

陈学文先生认为，龙游商帮"实是指浙西地区的商人资本集团，包括了主要是衢州府西安、常山、开化、江山、龙游五县和金华府兰溪县、绍兴府的会稽、山阴县等的商人总称"[1]。对于陈学文先生的这一论断，我们认为龙游商帮中包括"绍兴府的会稽、山阴县"商人的提法有些勉强，也有点突兀，其本人在相关论著中也未展开论证，因此在这本《无远弗届——龙游商帮》中不予讨论。关于龙游商帮中包括"金华府兰溪县"的商人，我们认为陈先生的论断是很有见地的，也有比较充分的资料可供论证，因此在有关篇章中，进行了适当的讨论。在本书的主要章节中，我们侧重于对龙游县及"衢州府属"的西安、常山、开化、江山各县展开论述，而且这也正是浙江大学历史系教授包伟民与博士研究生傅俊重点批评的一个方面："我们仔细分析了前述研究者所征引的关于龙游商帮的所有文献记载，确乎没有发现除龙游县一地之外，而又被陈先生列为龙游商帮地域范围的那些地区的商人活动记载，更未将这些地区与龙游联系起来。"[2]

关于龙游商帮的诞生，陈学文先生论定为"萌发于南宋"。对此，我们没有疑义。

---

[1] 陈学文：《龙游商帮》，台湾万象图书股份有限公司1995年，第23页。

[2] 包伟民、傅俊：《从"龙游商帮"概念的演进说学术失范现象》，《福建论坛·人文社会科学版》，2004年第3期。

因此,本章主要围绕历史上衢州府及府属西安、常山、开化、江山、龙游五县和龙游商帮萌发于南宋的观点,展开讨论。

第一节 衢州的历史沿革

遥远的姑蔑

考古发掘证明,衢州地区已知的人类活动历史,最早可上溯至距今万年以前的新石器文化时代早期。

2010年8月,在龙游县龙洲街道寺后村的和尚碓自然村边的小山丘上,发现了新石器时代早期文化遗址,出土了典型的上山文化的夹炭红衣陶器、石磨盘和穿孔石器。后经浙江省文物考古研究所的研究,确定遗址属于9 000年前的新石器文化时代早期,并将其命名为"青碓遗址"。

荷花山遗址

2011年9月至2013年9月，浙江省文物考古研究所又在龙游县湖镇马报桥村邵家自然村南边的黄土丘陵上，发现了年代近10 000年的荷花山遗址，根据遗址出土的器物和稻谷遗存，同时结合上山文化的其他考古发现与研究，认为钱塘江流域不仅是浙江新石器文化的发源地，也是中国乃至世界稻作农业的摇篮。

而衢州地区有可靠文字记载的历史，则可以追溯到春秋时期的姑蔑。唐朝《元和郡县图志》卷二十六《浙南道二·浙东观察使》中有"本春秋姑蔑之地，越西部也"的记载。清朝王先谦在《〈汉书〉补注》中则有具体说明："姑蔑故城在龙游，太末县亦治龙游，其地实兼有今西安、江山、常山、开化、遂昌、玉山及汤溪县之半。"也就是说，春秋时期姑蔑地的范围比后来的整个衢州府的统辖区域还要大。关于姑蔑城，北宋《元丰九域志》卷五中说："姑蔑故城在瀫水南三里，东门临薄里溪。"瀫水是衢江的古称，薄里溪是灵山江的古称，按照上述方位，当时的姑蔑城基本上与现在龙游县城的位置重合，因此可以说，现

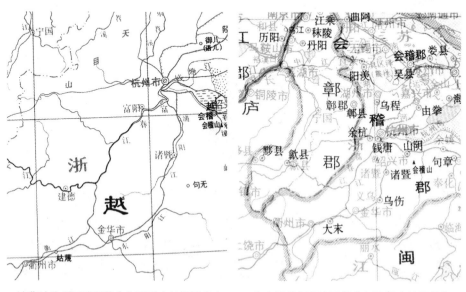

姑蔑地位置图(原载《中国历史地图集》)　　大末县位置图(原载《中国历史地图集》)

在的龙游县城是在当时姑蔑城的基础上发展起来的。可见,整个衢州地域都与姑蔑在历史上有渊源,龙游的特殊地位则在于"姑蔑故城在龙游",所以现在的相关记述中都说姑蔑在"今浙江龙游"。

在《左传》卷十二《哀公十三年》中,更有姑蔑军队参加越国伐吴战争的具体记载:

> 六月丙子,越子伐吴。为二隧,畴无余、讴阳自南方,先及郊。吴大子友、王子地、王孙弥庸、寿于姚自泓上观之,弥庸见姑蔑之旗(杜预注:"姑蔑,越地,今东阳大末县"),曰:"吾父之旗也(杜预注:'弥庸父为越所获,故姑蔑人得其旌旗'),不可以见雠而弗杀也。"大子曰:"战而不克将亡国,请待之。"弥庸不可,属徒五千,王子地助之,乙酉战,弥庸获畴无余,地获讴阳。越子至,王子地守。丙戌,复战,大败吴师,获大子友、王孙弥庸、寿于姚。[1]

鲁哀公十三年即周敬王三十八年,也就是公元前482年,因此可以说关于衢州的可靠文字记载,至今已有2 498年。此外,在各种旧志中,还保留着姑蔑宫、姑蔑子墓等遗迹的记载,而且都在今龙游县境内。可见,在衢州的历史进程中,龙游有其特殊性和重要性。

广袤的太末

"始皇二十六年,始置县,名太末。"[2]"始皇二十六年"为公元前221年,民国《龙游县志》有按语说明之:"置太末县是否在二十六年虽无明文,然必始置郡县时事,故定为二十六年。"太末县又写成大末县,当时属会稽郡管辖,是今

---

〔1〕清阮元校刻:《春秋左传正义》卷五十九,《十三经注疏》(影印本),中华书局1980年,第2171页。
〔2〕余绍宋撰:民国《龙游县志》卷一《通记》。

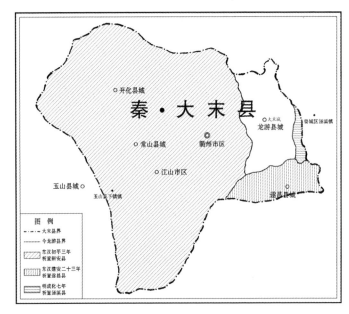

大末县境域变迁示意图

浙江省境内最早设立的十余个县中的一个。在整个浙江省中西部的金衢盆地，当时仅设太末和乌伤（后来的义乌）两个县，在今天的衢州市范围内仅太末一个县。衢州建县历史至今已2 237年。

当时太末县的范围基本和原姑蔑地的范围相当，包括了后来衢州府所属西安、常山、开化、江山、龙游五县和遂昌（今属丽水市）、玉山（今属江西省）及汤溪县（今金华市婺城区汤溪镇）之半。关于太末城的位置，民国《龙游县志》卷二十四《丛载·古迹》说"在县治西"，清朝顾祖禹《读史方舆纪要》卷九十三《浙江五·龙游县》也说"在县治西"，也就是说是在当时县衙的西面。姑蔑和太末县的中心聚落都在龙游，可以说龙游县是衢州府属各县的"母县"，以衢州府商人为主体的商帮又以"龙游商帮"为名，这偶然当中，似乎又有着一些必然的因素存在。

太末县的设置和统辖格局存在时间甚长，从秦开始，经西汉、东汉，一直未有变化。只是在西汉末王莽建立"新"朝时，被短时间地改为"末治"，到东汉初又复称太末。太末县的设立,开启了衢州地区的建县历史,标志着衢州区域社会的基本形成,意味着远在浙江西部一隅的衢州地区和中央王朝的联系趋于紧密;太末县过于广袤的区域格局长期存在,则反映了衢州地区社会、经济发展的缓慢,与中原地区融合过程的漫长。

一府五县格局的形成

自秦始皇二十六年(公元前221年)设置太末县,直至东汉末的"初平三年,分立新安县"[1],才改变了衢州地区仅有一个县的局面。初平三年为公元192年,至此衢州地区一县独大的局面已维持了413年。当时,新安县的范围约含后来的西安县、江山县、常山县、开化县及玉山县的东部,太末县境域则约含

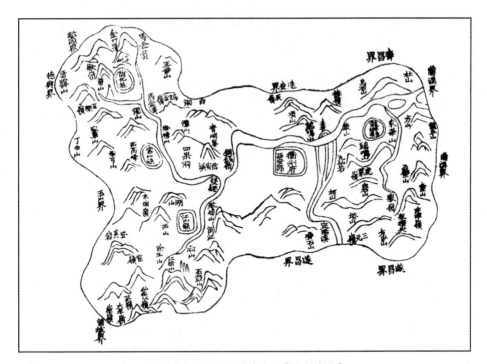

衢州府山川图(原载清康熙《衢州府志》)

---

[1]《后汉书》卷一百一十二《郡国四》"会稽郡" 条。

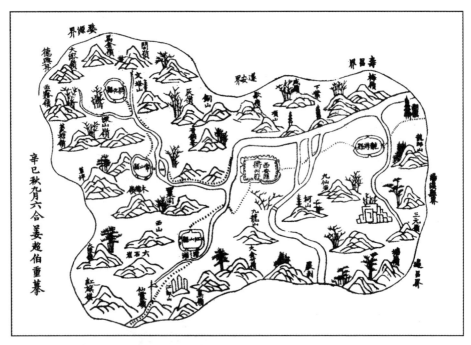

衢州府疆里图（原载清康熙《衢州府志》）

后来的龙游、遂昌两县及汤溪县之半。

新安县的设置，标志着衢州地区一府五县行政格局的设置开始启动。

衢州府 衢州府的前身，应上溯至南朝陈永定三年（559年）设置的信安郡，领信安、定阳两县，郡治在信安（即后来的衢州城）。但信安郡只存在四年，到天嘉三年（562年）就被撤销。由于有过信安郡的设立，唐武德四年（621年）唐朝建立之初，就设立衢州，州治仍设在信安，领信安、定阳、须江三县。到武德八年又废衢州，至垂拱二年（686年）恢复。自此以后，尽管名称多有变化，衢州一直作为辖有属县的行政建制存在。衢州属县的名称和数量也多有变化，到北宋太平兴国六年（981年），始统辖西安、龙游、须江（江山）、常山、开化五县；到元初的至元二十一年（1284年），改衢州路总管府为衢州府，辖西安、龙游、江山、常山、开化五县。此后直至清末，一直维持以衢州府统辖西安、龙游、江山、常山、开化县的格局。衢州州城地位的确立,标志着衢州的政治经济文化水平已发展到一个新的高度,揭开了衢州历史的一个新起点。

西安县　东汉初平三年(192年),析太末县地置新安县;晋太康元年(280年),因弘农郡也有新安县而改称信安县;唐咸通年间(860—874年),改信安县为西安县。此后直至清末,西安县一直存在,西安县城也一直为州府建置的所在地。

龙游县　自从太末县设立后,其县治一直在后来的龙游县境内。此后,太末县曾于隋开皇九年(589年)、唐武德八年(625年)先后两次裁撤,但时间均很短暂,先后于唐武德四年(621年)、唐贞观八年(634年)恢复。唐贞观八年恢复县建制时改称龙丘县;五代吴越宝正六年(931年)改称龙游县;北宋宣和三年(1121年),又改称盈川县;南宋绍兴元年(1131年),复称龙游县。此后直至清末,龙游县的建制和名称一直未有变化。

常山县　东汉建安二十三年(218年),析新安县地设定阳县。隋开皇九年(589年)、唐武德八年(625年)两次裁撤,又先后于唐武德四年(621年)、唐咸亨五年(674年)恢复。唐咸亨五年恢复县建制时,改定阳县为常山县。北宋咸淳三年(1267年),改称信安县。元至元十三年(1276年),复名常山县。此后直至清末,常山县的建制和名称一直未有变化。

江山县　唐武德四年(621年),析信安县地设须江县,武德六年撤销。唐永昌元年(689年)复置须江县。五代吴越宝正六年(931年),改称江山县。南宋咸淳三年(1267年),改称礼贤县。元至元十三年(1276年),复称江山县。此后直至清末,江山县的建制和名称一直未有变化。

开化县　北宋乾德四年(966年),吴越王钱俶析常山县地设开化场。北宋太平兴国六年(981年),升开化场为开化县。此后直至清末,开化县的建制和名称一直未有变化。

综上所述,衢州一府五县格局的设置,从公元前221年秦始皇设立太末(大末)县开始,直至北宋太平兴国六年(981年)升开化场为开化县,前后1 002年。这一过程是衢州地区政治、经济、文化逐步发展的过程,也是衢州地区与中原地区及中央政府联系不断加深,关系不断密切的过程。一府五县行政格局的形成和长期存在,说明如此的行政格局设置有其内在的合理性,是适应这一地区的客观需要的。也正是这一行政格局的长期稳定,为以龙游商帮为代表的衢商集团的闪亮登场,创造了行政机制上的有利条件。衢商集团的形成和活跃,在推进衢州地区经济、文化不断发展的同时,也有利于一府五县行政格局的巩固和稳定。

辛亥革命推翻封建王朝的统治以后,中国在经历了中华民国阶段后,又于1949年迎来了中华人民共和国的诞生。尽管衢州地区行政格局的设置多有调整,府一级政区的名称也多有改变,也曾数度被撤销,但最终于1985年6月随着衢州市的成立和管辖五县一区(衢县、龙游县、江山县、常山县、开化县、柯城区)格局的建立,基本承袭了原一府五县的行政区划格局(衢县即原西安县,柯城区系从原衢县划出而设置)。后来又改江山为县级市,改衢县为衢江区。除原先的西安县被一分为二外,市县二级的境域范围基本上无大的变化。

第二节　衢州的地理环境

关于衢州的地理环境,在徐宇宁主编,占剑、郑奇平副主编,浙江人民出版社2008年9月版《衢州简史》中,分别用《以丘陵山地为主的地形地貌》《古代衢州的大"动脉"》为标题,作概括介绍:

衢州位于浙江的西部,金衢盆地的西段,东经118°01′至119°20′,北纬28°14′至29°30′,总面积为8 800多平方公里。境内地质条件复杂,从地形图上看,一条从江山至绍兴的深断裂带贯穿中部,将衢州分成西北、东南两块。在地质构造的划分上,这两大块分别属于"扬子准地台"和"华南褶皱系"两个一级大地构造单元。在此基础上,衢州的地形以衢江为轴心向南北对称展开,海拔逐级提升。衢江两侧为河谷平原,外延为丘陵低山,再扩展上升为低山与中山。东南缘是仙霞岭山脉,有境内最高峰大龙岗,海拔1 500.3米。西北及北部边缘是白际山脉南段与千里岗山脉的一部分。东部以河谷平原为主,地势平缓。境内最低处在龙游县下童村,海拔33米。整个衢州地区的地貌以丘陵山地为主,其面积达7 560平方公里,占土地总面积的85.44%。

衢江,古称瀫水、信安溪,从开化县莲花尖发源至兰溪汇流处止,主河道流程达200多公里,全流域面积11 000多平方公里,比衢州市域面积还大。衢江支流众多,主要有乌溪江、灵山港、铜山源等,而常山港和江山港则是其中最重要的两大支流。常山港是衢江的主流,源出浙皖赣边境莲花尖,海拔1 145米。莲花尖下海拔900余米处有莲花塘,通过储水分流至莲花沟与船仓头,后汇聚成莲花溪,再经由马金溪注入常山港。南源为江山港,发源于仙霞岭北麓的苏州岭和龙门岗。两大支流在市区双港口汇流后为衢江,并最终汇入钱塘江。衢江是钱塘江最大的支流,而常山港是衢江的主流。因此,钱塘江的源头就在开化境内的莲花尖。

衢江及其两大支流流经了衢州的三大盆地:金衢盆地(西段)、常山盆地、江山盆地。经过漫长的演变,河谷两侧形成了众多的冲积平原。亚热带季风型气候,带来了丰沛的降雨和充足的光照,使这些肥沃的土地,不仅集中了衢州最主要的耕地,也是衢州人口最集中的地方。在交通不便的古代,衢江水运的地位和作用也是不可替代的,它是衢州对外交流的最主要途径。可以说,衢江是衢州人的母亲河,更是古代衢州的"大动脉"。

可见,衢州地理环境的特点是多丘陵山地,多河道溪流,溪流两侧则形成众多的冲积平原。从各种地貌的分布来看,衢州的四周,除东面为衢江出口,西面有少数河流进出口外,基本上均由崇山峻岭所包围,处于一种半封闭状态。其内部地理结构总体上则以衢江为轴心,向南北两边对称展开,分别为河谷平原、低丘、高丘、低山、高山,形成台阶形的地理结构。从局部来说,也还有一些由衢江支流形成的局部性的河谷平原,也在局部地区形成相似的台阶形地貌结构。兹根据衢州市志编纂委员会编,浙江人民出版社1994年11月版《衢州市志》的相关记载,具体分述如下:

平原 平原面积1 289平方公里,占土地面积14.6%,90%以上为河谷平原。衢江及支流沿岸都有或窄或宽的河谷平原,呈串珠式分布。一般在海拔100米以下,坡度小于6°,有衢江平原、马金平原、华埠平原、常山港平原、湖东平原、江山港平原、长台溪平原、乌溪江平原、杜泽江平原、芝溪平原、社阳港平原以及虹桥溪平原、钳口平原、大头源下游平原、罗樟溪下游平原、下山溪下游平原、灵山江平原、塔石溪平原等。另外,还有海拔100至250米之间的平坂,其形态为狭窄的带状,面积小,分布在山地丘陵谷底、衢江一级支流上游及其他水系的上游支流沿岸,呈串珠式分布。

盆地 境内有大小盆地20余处,错落分布于丘陵山地之间,较著者有金衢盆地、常山盆地、江山盆地三处。金衢盆地是浙江省最大的盆地,其西部在衢州境内;西起于原衢县沟溪、航埠、江山四都一带,东止于龙游东部边界,呈东北向展布,长64公里,宽15至20公里,面积1 100平方公里;盆地底部海拔50米左右,边界线海拔100至200米之间,河流从四方向盆地汇聚。常山盆地,西从江西玉山延伸到常山县,东止于狮子口水库,长26公里,宽13公里,海拔在200米以下;呈东北—西南走向,常山港横穿盆地,形成宽约2公里冲积平原。江山盆地,东起江山四都一带,呈长条状向西南延伸至江西省境内,长65公里,宽14公里,海拔多在200至300米。

丘陵 面积3 224平方公里,占全境土地面积的36.4%,集中分布在河谷平原向南、北山地过渡地带,土壤以红黄壤为主,根据高程,可分为岗地、低丘、高丘三类。岗地一般相对高差为10—50米,分布在金衢盆地内侧及衢江支流河谷两侧。低丘海拔250米以下,相对高度50—100米,主要分布在盆地边缘。高丘海拔250—500米,相对高度大于100米,分布在低丘向低山过渡地带。

山地 面积4 336平方公里,占全境土地面积49%,分布在盆地外侧西北缘和东南缘,分别称西北山地和东南山地。西北山地范围包括开化、常山两县,及原衢、龙、江三县的北部,有海拔千米以上高峰160座,最高峰为开化的白石尖,海拔1 453.7米。东南山地范围主要包括江山、原衢县、龙游三县的南部,有千米以上的高峰105座,最高山峰为江山的大龙岗,海拔1 500.3米。

河流 主要属钱塘江水系,流域面积8 332.9平方公里。除主河道衢江外,有衢江支流14条,其中流长50公里以上的有常山港(164公里)、江山港(134公里)、乌溪江(63公里)、灵山江(57.5公里)、芝溪(60.5公里)。在与江西福建交界处,有部分小溪流汇入长江鄱阳湖水系的乐安江和信江,流域面积515.8平方公里。有支流6条,以苏庄溪最长,流长40.6公里,其余均在10公里至20公里之间。

气候 属亚热带季风气候区,有四季分明、冬夏长春秋短、光照充足、降水丰沛而季节分配不均的地带性特征。年平均气温在16.3℃—17.3℃,1月平均气温4.5℃—5.3℃,7月平均气温27.6℃—29.2℃,全年无霜期251—261天。每年从1月开始降水逐月增多,6月达到高峰(衢江平原在5月达到高峰),最多月降水量在250毫米以上,此后逐月减少,11月为全年最少,不足80毫米。易发洪涝、干旱、大风、冰雹、大雪等自然灾害,尤其以洪涝和干旱的威胁最大,白居易"是岁江南旱,衢州人食人"的诗句为其写照。

龙游县 地处衢州东部,东毗婺州汤溪县,南邻处州遂昌县,西接原衢县(西安县),北交严州寿昌县,东北与婺州的兰溪县接壤,面积1 100多平方公里。地势南北高、中间低,山脉、丘陵、平原兼具。衢江自西而东穿境而过,有一级支流8条,其中灵山江流长55.95公里,社阳港流长31.95公里。中部为衢江河谷平原，南缘为仙霞岭山脉，最高峰茅山坑，海拔1 442米，北缘为千里岗山脉，最高峰马槽山，海拔940.1米。

衢县（西安县） 地处衢州中部，东临龙游县，南接原处州府遂昌县，西交江山县、常山县，北界原严州府遂安县、寿昌县，面积2 100多平方公里。地势南北高、中间低，以丘陵为主。衢江自西而东穿境而过，有一级支流10条，其中铜山溪流长45.9公里，芝溪流长61.9公里，乌溪江流长160公里。中部为衢江河谷平原，南缘为仙霞岭山脉，最高峰水门尖，海拔1 451.8米，北缘为千里岗山脉，最高峰白菊花尖，海拔1 394.7米。

江山县 地处衢州西南部，东邻衢县、遂昌县，南连福建省浦城县，西接江西省玉山县、广丰县，北交常山县，面积2 000多平方公里。地势南高北低，以山地丘陵为主体。主要河流江山港，境内流长105公里。中部为江山港及其支流冲积而成的河谷平坂，东南缘为仙霞岭山脉，最高峰大龙岗，海拔1 500.3米，西北缘为怀玉山支脉，最高峰湖山尖，海拔894.5米。

常山县 地处衢州西部，东邻原衢县，南靠江山县，西南与江西省玉山县交界，西北与开化县毗邻，东北与严州府淳安县相接，面积1 100平方公里。地势南北高、中间低，向东倾斜，以低山丘陵为主。主要河流常山港，境内流长46.6公里，常山港两岸为河谷平原，县境西南缘为怀玉山脉，各山峰海拔均不足1 000米，千里岗山脉自东北向北延伸，最高峰白菊花尖，海拔1 394.7米。

开化县 地处衢州市西北部，东南与常山县相连，东北与原严州府淳安县接壤，西南与江西省婺源、德兴、玉山毗邻，北与安徽省休宁交界，面积2 200平方公里。地势西北高、东南低，以中山丘陵为主。主要河流马金溪，全长104公里。除少量河谷平原外，均为丘陵山地。东北部为白际山脉，最高峰外溪岗，海拔1 266.8米；南部为怀玉山脉，最高峰南华山，海拔1 166.2米；东南、东北部为千里岗山脉，最高峰白石尖，海拔1 453.7米。

根据上面的记载，我们把衢州地理环境的特点归结为以下两点：

1.地处钱塘江上游,浙江西部,与福建、江西、安徽交界,地理位置重要。

从军事的角度来说,正如清顾祖禹《读史方舆纪要》卷三十九所说:"居浙右之上游,控鄱阳之肘腋,掣闽、粤之喉吭,通宣、歙之声势,东南有事,此其必争之地也。图经云:'衢州川陆所会,四通五达,江、浙、闽、广之所辐辏。守两浙而不守衢州,是以浙与敌也;争两浙而不争衢州,是以命与敌也。'"所以历史上均为军事上所必争,也多有战事发生。《清一统志》卷三百一《衢州府》即如是说:

> 汉唐以来,饶、信有警,军锋被于两浙者,往往先及信安。唐乾符五年,黄巢破饶、信、歙等州,转掠浙东,因刊山开道七百余里,直趋建州。说者谓巢所开道即今仙霞岭路也。自仙霞岭辟,而衢州之形势尤重矣。宋建炎、绍兴,诸将削平江、闽群贼,往往战于仙霞南北。元、明之交,处、建、衢三州,尺寸之间皆战场也。明,叶宗留、邓茂七之乱,衢州之震惊亦数数见矣。嘉靖间,倭寇纵横浙闽,受患最剧。惟衢州山僻险阻,得以少安。国初,大兵由温、处间道捷出闽疆,而山薮哨聚多出没于此。康熙十三年,闽逆与滇黔贼党相为影响,率其徒旅疾出仙霞,赖浙中诸帅禀庙堂成算,坚守衢城,贼虽扰攘于仙霞以北,旁啮处、信,兼及歙、婺,竟不能越衢一步也。则其为浙闽之险何如哉?

从商业的角度来说,衢州的地理位置有利于商人走出衢州,走出浙江,走向福建、江西、安徽,直至更远的地方。尽管多高山险阻,由于军事地位的重要,就多有驻军在此驻守,也多有战事在此发生,反而使这片崇山峻岭之地不再偏僻和阻塞,上面提到的黄巢辟仙霞岭山道之事,就是一个实例。所以在明朝天启年间修纂的《衢州府志》在卷首《画图序说二十四条》中谓:"总其大势,西距广信玉山,西南距建宁浦城,南距处州遂昌,东距金华兰溪,东北距严州寿昌,西北距徽州婺源。无事,听商贾之通行;有事,据要害以防守。""无事,听商贾之通行",意味颇为深长。

2.气候适宜,地貌多样,出产丰富。

湿润的气候,充沛的雨水,有利于农业和林业生产,地貌的多样性,也造成了物产的丰富性,这一切有利于经济的发展,能够满足不同物产的生长需要。如山地的林木、竹类,丘陵地带的水果,平原地区的水稻,滩地的蚕桑、棉花及各种经济作物,溪流中的水产品,等等。不同区域的不同产品,除了满足自身的需要外,还可以通过互相之间的交换而达到各取所需的目的。比如稻米,对衢州来说,这是最基本的大宗农产品,但各县根据自身的环境条件,出产并不均衡,所以天启《衢州府志》卷首《画图序说二十四条》中就有"常、开两县资米江山,西、龙两县米各自给"的记载,说明常山、开化两县的食米仰仗江山县的供应,互相之间就有稻米买卖的关系存在。这是存在于原衢州府范围内的商业关系,其他更多货物、更大范围的供需关系当然更多。由于地理环境的丰富多样,也容易出产一些本地特有的产品,如早在宋朝乐史编撰的《太平寰宇记》中,就记载衢州有"白纻、大麻布、纱、扇、橘(出西安)、茶、蕈(号曰生子蕈)、砚(坚润略亚于歙)、石轮(形似蛙而大,生山岩间,可治疟疾)"的土产。商品的交换有利于农业生产向商业经济发展,有利于农产品的商品化,各种特色土产更是商品中的畅销货。这一切,也往往成为衢州商人获取"第一桶金"的基础商品。

第三节　宋室南迁的历史机遇

北宋靖康元年(1126年)八月,金兵分东西两路南下。十一月,金两路大军渡过黄河,直抵汴京城下,四面围攻。闰十一月下旬,汴京城破,北宋徽、钦二帝被俘,北宋的统治结束。当时徽宗的第九子康王赵构,正以"河北兵马大元帅"的名义经营河北,故而避开了金人在汴京的搜捕。赵构便在北宋旧臣的拥戴下,于靖康二年五月初一在应天府(今河南商丘)登基,改年号为"建炎",是为高宗。高宗登位后,由于金兵的逼迫,数度播迁,甚至逃亡海上,直至绍兴八年(1138年),正式宣布以临安(杭州)为"行在所",定都临安。由于地处江南一隅,史称"南宋"。

南宋朝廷的建立和定都杭州,使江南一带暂时免遭战乱的荼毒,促进了社会经济的发展,也为商人的经商活动提供了更为广阔的舞台。陈学文先生将龙游商帮的萌发时期定为南宋,主要也是针对宋室南迁这一历史机遇而言的。在其所著《龙游商帮研究:近世中国著名商帮之一》中有详细介绍[1]:

> 龙游在唐宋时尚为稳定,与外界交流不多。南宋初,赵氏宋室南迁,北方大批士族随之南下,将北方文化也带进了浙西地区。如孔子第48代孙孔端友来到衢州后就定居下来,另建孔庙,自成孔氏世系,今称之"孔府南宗"。
>
> 据史籍和宗谱族谱的谱牒记载,其著者如:唐代马周后裔濮州鄄城马希言,随宋室南迁至龙游马村(今罗家马府墩);曲阜何氏迁入龙游后,居于桥下地方;"宋南渡时有支叔才者,定州人,与子青二居虞景山之阳,历四世,至支禄始避地来县东赤亭里";"汉何休之后,其裔随宋高宗南渡,始居浙东,至元初有名贵者,任遂昌典史,始迁居龙游之桥东";墩头周氏,"十七世祖因殷于宋南渡时避乱来居龙游桥东";凤山底邵氏,"始祖名绍,宋南渡时自辉县避乱来县北八都六图今里,至今凡二十世";西徐徐氏,"其先宋东京祥符人,随高宗南渡,有名勋字亭玉者,始迁县之西徐";三都童氏,"宋南渡时,有名澡者始迁居今里";东舒舒氏来龙游亦于"宋南渡时";西垣蒋氏,"其先阳羡人,宋宣和间蒋任泰字贞甫,随康王南渡卜居县

---

〔1〕陈学文:《龙游商帮研究:近世中国著名商帮之一》,杭州出版社2004年,第57—59页。

北西垣村"。据族谱所记,至少已有十一大氏族明确记载是北方随宋室南迁的,其余尚有一些士族在其先后也从北方或外地迁入龙邑。他们定居下来后也有一部分从事于商业活动,和土著龙游商人共同推动和促进了龙游商业的发展,这就是龙游商帮的肇始。如龙游前周夏氏,为孙吴时夏霖的后裔,夏"延年于周显德间殖盐龙游,寓斗潭之右,子文霸文豹守其业"。(以上均录自民国《龙游县志》卷三、卷四《氏族考》)衢州一带南迁而来的士族更众,"宋南渡后士风益竞,名钜迭出"。(《古今图书集成·方舆汇编·职方典》卷1013《衢州府部·风俗考》)邻县兰溪,由于受南迁士族之影响,"迨宋南渡,中原文物之渐渍,诸贤道学之讲明然,后蔚然为文献之邦……趣利而好名"。(《古今图书集成·方舆汇编·职方典》卷1006《金华府部·风俗考》)

南宋建都临安(今杭州),临安遂成为全国政治、经济、文化的中心,东南经济和文化更趋发展,"国家根本,仰给东南"。(《宋史》卷三百三十七《范祖禹传》)为了兴建宫殿、官署和官员住宅,大兴土木,大量的木材就需从衢州、严州、处州等地运来,尤以衢州为多。龙游木商乘机而起,经营起木材贩卖的生意来。

杭州自五代、北宋以来已是著名的刻印书籍的中心,宋人叶梦得说:"今天下印书,以杭州为上,蜀本次之,福建最下。京师比岁印板,殆不减杭州,但纸不佳,蜀与福建,多以柔木刻之,取其事成而速售,故不能工。"(叶梦得《石林燕语》卷八)其纸质不佳也会降低印书的质量。藤纸是上好的印书好纸,产于衢州府各县。谢肇淛也说:"宋时刻本以杭州为上,蜀本次之,福建最下。(谢肇淛《五杂俎》卷十三)刻板的木材都需质地坚韧。杭州就具备了木板、纸张的好材料。王国维精于此道,曰:"北宋监本刊于杭者殆居泰半。"杭版监本为佳本,字体规范,为国子监选定专用书,需求量很大。至南宋,除了监本由官方刻印外,各府刻本也多,如衢州府曾刻有

《朱子章句集注》《大学》《中庸》《论语》《孟子》《朱子序说读法》等。杭州城内有14家著名书铺，杭州及各府私家刻书铺更多。浙江杭州、衢州及各地刻书业的发展，需要大量印书的用纸，对龙游造纸业和贩纸业的商人大有利益可图。如："南宋时，韦塘村人朱世荣，字元瀫，号烟波。年二十，好博，其父逐之。流寓常州，致巨富，置产亘常州三县之半。后归里，复大置产，当时以为财雄衢常二郡。"（民国《龙游县志》卷二十四《丛载·轶闻》）这是很典型的龙游商人于南宋时发家致富的实例。

上述引文说明，陈学文先生主要从"北方大批士族随之南下，将北方文化也带进了浙西地区"（包括孔子第48代孙孔端友），（由于大兴土木）"龙游木商乘机而起"以及刻书业的兴盛，"对龙游造纸业和贩纸业的商人大有利益可图"这三个方面来阐明南宋定都杭州，给龙游商帮的萌发提供了有利条件。我们认为，这样的论述尚不够充分，如果从大处着眼来说，起码关于交通条件的改观，是应该指出来的。

南宋定都杭州，使衢州由原先的边远州府一下子转变成都城临安的辅郡，成为未遭受兵燹之灾的近畿地区，更由于孔府南宗地位的确立，而成为东南的文化中心。大量中原士族的迁入，对于恢复经济，推进地方发展，也起到了重要的作用。而交通条件的改善，对于"遍地龙游"的形成，则更是一个重要方面。

官道的修建　南宋定都临安后，为方便与长江沿岸抗金前线的联系，专门修筑了自临安经富阳、桐庐至建德的官道。这条"江右孔道"从寿昌梅岭进入龙游县境，沿着龙游县境北缘经张公岭进入西安县，一直往西出衢州境而进入江西。官道以青砖呈"人"字形铺就——为了铺路所需，当时每隔五里路就建有一座砖窑，专门烧制条形青砖。沿路还设有公馆，供过往官员住宿。如民国《龙游县志》卷二十四《丛载·古迹》就有"梅岭公馆"的记载："梅岭公馆，宋

梅岭关原址

建都临安时此岭最为要道,明嘉隆时犹存公馆数楹。壁上有女郎名赋雪者,从征过此,曾题一绝云:'太末山多竹似麻,雾中鸡犬几人家。此行探得春消息,十里梅花送鹿车。'"

仙霞岭石阶路的开辟 清朝顾祖禹《读史方舆纪要》卷八十九《浙江一》载:"宋绍兴中,史浩帅闽。过此,募人以石甃路,自是镌除铲削,旧时险厄,稍就宽平。"说的就是南宋乾道八年(1172年),史浩出任福州知州,过仙霞岭时,雇用民夫修筑石阶道路20里,使当年黄巢开辟的仙霞岭路更方便行走。由浙入闽的客商,自此不必绕道江西玉山、上饶,可直接从水道经江山至清湖渡,舍舟登陆,取仙霞古道至福建浦城,再舍陆登舟,可以直达福州,甚至出海。"由清湖渡舍舟登陆,至浦城县城西,复舍陆登舟以达于闽海。"(《读史方舆纪要》)

范成大笔下的金衢砖路 南宋乾道九年(1173年),范成大出任广南西路经略安抚使,在其所著《骖鸾录》一书中记载沿途情事,其中写到金衢砖路:

（癸巳岁正月）八日，泊兰溪。九日，大雨。连日小舟跧湾，病倦。又闻衢之龙游小路泥深溪涨，渡江不如陆，乃改陆行，取婺州路。晚至婺州，泊金华驿。十日，泊婺州。十一日，早饭马海寺，世俗所用百忌历出此寺。宿汤嵝。十二日，早饭舍利寺，宿龙游县龙丘驿。未至，有长桥，工料严饰，他处所未见，前令陶定所作。自登陆来，所至山有残雪，村落无处无梅，客行匆匆，自无缘领略，可叹也。十三日，至衢州。自婺至衢皆砖街，无复泥涂之忧，异时两州各有一富人作姻家，欲便往来，共甃此路。

金衢两地相距近100公里，用青砖铺成大路，在今天来讲也是一个不小的工程了，虽说是由富室出钱铺筑，官方的支持也是少不了的。当年，本书作者之一的劳乃强曾在金衢盆地中心一个叫"陆家"的小村庄插队，村南的46省道北缘，当时还残留一段被称为"大路"的砖道，全用条形青砖横排铺成。据乡亲们的指引，这条大路过陆家村后就折东北向而行，最终在湖镇与现已列为浙江省历史文化街区的通济街西端连接，然后东向，进入原汤溪县的洋埠。这段残留砖道后来在造"大寨田"时被挖掉了，当时我还拿回一块青砖保存，青砖长15厘米左右，宽约5厘米，横断面为正方形。这块青砖后来被我丢失了，不然的话，我很有可能还有一块"宋砖"呢。我也曾查过金华、衢州的各种旧志，均未发现有关这两位"富人"只言片语的记载。可见这两位肯定不是因贵而富的官僚，而是因商而富的商人，不然的话，是不会不见记载的。一段很有价值的地方商业史资料，就这样被湮没于历史的长河之中。实际上，这两位富商的实力，并不会稍逊于陈学文先生笔下那位"财雄衢常二郡"的朱世荣。当时民间的富庶程度，由此可见一斑。

此外，陈学文先生所记当时的商业盛况，除木材和纸张外，可补充处尚多。如在白寿彝总主编，王毓铨主编，上海人民出版社2004年7月版《中国通史》第644页，引用吴自牧《梦粱录》所载临安城所需部分商品的来源："严、婺、衢、徽等船,多尝通津买卖往来,……如杭城柴炭、木植、柑橘、干湿果子等物,多产于此数州耳。"

在陈定謇先生所著《信安旧事》中,载有《南宋的经济建设》一文,颇可补充陈学文先生记载之不足,不妨全文引用:

宋室南迁以后,政府为了安定人心和增加税收,加强基本建设并采取了一些恢复农业生产的措施,鼓励经商,江南经济迅速发展。

大量北方移民南下,他们嗜好面食,小麦价格大涨,杨万里《江山道中蚕麦大熟》一诗,就记载了衢州稻麦两熟的情况。淳熙六年(1179年),诗人写见闻说:"黄云割露几肩归,紫玉炊香一饭肥。却破麦田秧晚稻,未教水牯卧斜晖。"从第三句诗文可以看出当时江山县收割麦子后再种上晚稻,此诗对于研究江南地区稻麦两熟制的普及具有重要价值。杨万里诗还描写了江山的蚕桑业:"新晴户户有欢颜,晒茧摊丝立地干。却遣缫车声独怨,今年不及去年闲。"这是关于衢州蚕桑业的最早记录。诗人还看见大面积的果园,种植柑、橘、柿等果树。其《衢州近城果园》诗说:"未到衢州五里时,果林一望蔽江湄。黄柑绿橘深红柿,树树无风缀脱枝。"说明当时近效农村多种经营的发达程度,也是当时衢州城经贸发达的一个体现。南渡后衢州人还在京城临安开设大量的饭店,专售盒饭,家常菜有虾鱼、粉羹鱼、面蝴蝶等,时人称之为"衢州饭店"。

乾道二年(1166年),由西安县丞张应麒主持,在乌溪江黄荆滩上修筑石室堰,因为连续三年工程还是不能完工,张应麒跃马自沉中流而死,堰址才最终确定了下来。淳熙二年(1175年),朝廷赠张应麒为掌管祭祀、宴饮的光禄寺副长官,受惠的衢州百姓也没有忘记他,在石室堰旁建有张公祠以示纪念。石室堰为篾笼卵石堰体,旧制每年农历四月初一封堰灌溉农田,九月初一开堰通航。堰渠总长20多里,直通衢州府城南护城河,可通船筏,具有溉田20万亩的能力。……

南宋时期,我国东南沿海经济有了长足的进步,与域外的海上交通、贸易也有了扩展,衢州制瓷业抓住契机,在继承本窑系传统的基础上,创烧出了器型规整、制作精致的青白瓷、彩绘瓷和黑釉瓷、乳浊釉瓷,产品行销国内外。这一时期的瓷器,产品烧结程度较好,胎质坚硬,叩音清脆,胎质呈灰白色,釉色呈淡青色或青中泛黄,产品质量较高。装饰纹样题材极其丰富,花卉、水草是主要装饰内容。此外,江山地区还烧制一种出口外销的黑釉瓷。上世纪80年代,宁波市在港口码头扩建时,曾发现了大批宋元古瓷碎片,其中一种胎骨砖红色的黑釉束口碗其产地就在江山。南宋衢州矿产开采量大幅度增长,矿产品用途的多样化,社会需求的扩大等都得到了鲜明的体现。从出土情况看,南宋时期衢州已有铜镜生产了,而且不止一家。这一时期是铜镜发展的衰落时期,镜上多无纹饰,只铸出印章,标明铸造者的名号。目前出土的铜镜主要有两类。一种是圆形执镜,有"衢州郑家造"字样的铭文;另一种是葵花镜,铭文为"衢州徐卸五叔青铜照子"。

衢州酿酒的历史,目前已知最早是从宋代开始的。宋代酒属于专卖品,由于衢州酒的产量大,因此专门设有"酒务"作为管理机构,并配备专门的官员"监衢州酒"。南宋衢州酒以"石室酒"最为有名。李保在《续北山酒经·酿酒法》中列举了当时46种酿酒法或制作酒曲的方法,其中就包括"石室曲法"和"石室郑家曲法"。南宋枢密院编修周紫芝在《风流泉铭》中曾对衢州出产的"石室酒"大加赞赏,称其"名倾浙右"。

爱国诗人陆游在尝过石室酒之后,作《偶得石室酒独饮醉卧觉而有作》一诗,其中有"初寒思小饮,名酒忽堕前。素罂手自倾,色若秋涧泉"等句。诗人范成大也曾作有《次韵徐廷献机宜送自酿石室酒三首》,其中"清绝仍香如桔露,甘余小苦似松肪""一语为君评石室,三杯便可博凉州"等句，都盛赞衢州的石室酒。南宋周密在其著《武林旧事·诸色酒名》中还有关于衢州产"龟峰酒""思政堂"两种品牌酒的记载。当时，这两种酒都打入了都城杭州，成为京城内畅销的名酒，深受达官显贵的喜爱。

南宋的金融业也很发达，据宋人洪迈所著的《夷坚志》记载，南宋时期江山县峡口集市有一位名叫祝大郎的富商，他就开设有"质库"。据说，祝大郎为富不仁，他所使用的度量衡器，大小不一，经常是大斗进小斗出，极尽欺诈之能事。这也是关于衢州地区个人典当行业的最早记载。典当行业的兴起是商品经济发展到一定程度的必然产物，个人典当出现在山城江山一个集市上，充分说明当时商品经济已深入衢州农村，也从侧面反映了衢州经济高度发展的状况。南宋时期，衢州的天宁寺、大中祥符寺、南禅寺等寺庙，拥有大量而殷实的庙产。同时衢州交通发达，商品经济繁荣，为民间借贷提出了需求。各寺庙纷纷开设"长生库"，对生活遭受困难者以"质物贷钱"等方式给予借贷。

实际上，早在北宋时期，衢州的商业已相当兴旺。这方面我们目前尚未有具体的案例可作论证，但据《宋会要·食货》记载，北宋熙宁十年（1077年），衢州州城商税在今浙江省范围内各州中居于第二位，达39 383.872贯。衢州虽然低于第一名的杭州，和第三名湖州相接近（3.9万多贯），但远远高于越州（绍兴）、婺州（金华）、温州、台州，是处州（丽水）的四倍多，是睦州（建德）的五倍多。衢州和当时经济最发达的长江流域的城市相较，比苏州少外，比其他嘉兴、常州、镇江几州高：当时的苏州为5.1万多贯，秀州（嘉兴）为2.7万多贯，常州为2.6万多贯，润州（镇江）为2.5万多贯。和当时商业另一个发达地区以成都为中心的川西平原各州相比，衢州的差距也不大：成都为6.7万多贯，在全国二十三路首府中居第二位；附近的汉州（广汉）为4.8万多贯，绵州（绵阳）为

5.4万贯,彭州为3万多贯。只是由于我国古代的统治者缺乏精准管理意识,对各种统计资料不够重视,典籍中缺乏各种完整的统计数据,不然的话是很能说明问题的。

相对过去的各朝,北宋是少有的重商时代,读书做官虽然仍是时尚所趋的主流,但已不是唯一的独木桥,"巫医、僧道、农圃、商贾、伎术,凡可以养生而不至于辱先者,皆可也"的观点已逐渐为大家所接受,正如李觏《富国策》所说,"今日之宜,莫如通商"。商税征收额的多寡,是一地贸易活动的规模和市场发展水平的直接反映,也是判断一个城市的社会影响及其在城市体系中所居地位的重要标志。可见当时的衢州,在整个浙江省的范围来讲,其商贸业的发达和经济地位之重要,已处于领先地位。当历史进入南宋,随着宋室皇朝定都临安(杭州),龙游商帮得以萌发并逐渐壮大,也就是顺理成章的事了。

第三章　商道迢远

　　商路,是商贾外出经商的通道。商路的开拓与延伸,是经商范围不断拓展,商业活动规模逐渐扩大的先决条件。对于衢州来说,由于距离政治中心偏远,相对闭塞,既地处浙闽赣皖四省交界,却又多高山峻岭之阻隔,交通的改善和道路的拓展尤显重要。为此,专设此章,记述衢州的交通条件与龙游商帮的关系。(陈学文先生在《龙游商帮研究:近世中国著名商帮之一》一书中的第一章《龙游商帮诞生的条件和环境》的第一节《"八省通衢""东南孔道"的龙游》中,专门论述这一问题,由于记述仅局限于龙游一地,内容很难全面,因此我们作了较多补充。)

　　南宋诗人曾幾(1085—1166年),所作的《三衢道中》,确实是一首相当漂亮的小诗:

梅子黄时日日晴,

小溪泛尽却山行。

绿阴不减来时路,

添得黄鹂四五声。

全诗格调轻快,写景如画,将江南五月天的行旅生活渲染得丰富多彩而又轻松愉悦,令人向往。所谓"览物之情,得无异乎?"当那些商人们为谋生而远行,跋涉于通往福建、江西、安徽各省的大山深处之时，自然谈不上像曾几那样诗意的轻快和活泼。风餐露宿，道阻路长，思念家人，前途难测，充斥于内心深处的，该是何等的惶然、惘然与茫然。

路是人走出来的。正是商人们的艰难跋涉，走出条条商道，而且越走越长，愈走愈远。

第一节　衢州交通的区位特点

衢州自古就是中原地区由浙江通往江西、福建的必经之地，无论陆路还是水运，都是我国东南地区交通网络中的重要节点，有"东南孔道"[1]之称。早在春秋时期，就有大越城（今绍兴）至鸾干（今江西余干）的道路过境。汉建元六年（公元前135年），汉武帝攻闽越，此古道就是当时的两条进军路线之一。

《国语》卷二十《越语上》记载越国的疆界说："句践之地，南至于句无（在今诸暨市境内），北至于御儿（在今桐乡县境内），东至于鄞（今宁波鄞州区），西至于姑蔑（今衢州市一带）。"又据清学者顾栋高《春秋大事年表》记载，一说北至于檇里（今嘉兴境内），西至于鸾干（今江西余干）。按照此疆域范围，当时形成三条越国的主要道路：一是由会稽（今绍兴）向北至吴国都城（今苏州），与吴国相通；一是向东至鄞，可以出海；一是向西至姑蔑，再至鸾干，与楚国相通。其中第三条西行的道路，就是大越城至江西余干的古道。此路贯穿浙江中西部，是越国的后方路线。越国与北面的吴国为敌，而与楚国相交，楚越之间即由此路沟通。周敬王二年（公元前518年），楚军为舟师，准备攻吴，"越大夫胥犴劳楚平王于豫章（今江西南昌）之汭。越公子仓归，王乘舟师从之，楚越之交益密"[2]。对于这次越国慰劳楚军的行动，《浙江古代道路交通史》就认为，

---

〔1〕阮元:《龙游县重建通驷桥碑铭》。

〔2〕《左传·昭公二十四年》。

"楚国舟师出长江攻吴，越使由此路下长江劳军"。还说："句践灭吴，有姑蔑的军队参战，也必走此路。此路沿线的城邑，如诸暨、乌伤（今义乌）、长山（今金华）、太末（今衢州之龙游），都是秦汉时建立为县，在春秋时期必然已经人口聚集成为城邑，由此路相通。"[1]

上面的记载说明，早在春秋时期，衢州一带已经是我国东南地区交通网络中的重要节点，是从浙江进入江西的必经之地。这一切，自然是由衢州的区位特点所决定的。清顾炎武《肇域志》第32册《浙江·衢州府》："信安之境，南际瓯、闽，北抵歙、睦。群山横亘，地势独高，重冈复岭，行者弗便。注：闽中路自仙霞岭来，东路自德兴、婺源、祁门来，其路险峻难行，惟常山路直径。诸邑之水，会城下而东，利于舟楫，故江、湖、闽、广士夫，与商贾之往来，咸道此以趋两

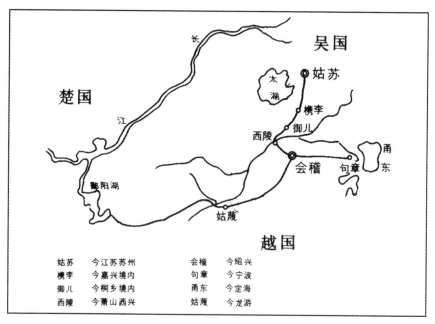

春秋越国古道示意图（原载《浙江古代道路交通史》）

---

〔1〕朱望法主编：《浙江古代道路交通史》，浙江古籍出版社1992年，第7—8页。

京焉。"明代的天启《衢州府志》卷首《画图序说二十四条》则说:"总其大势,西距广信玉山,西南距建宁浦城,南距处州遂昌,东距金华兰溪,东北距严州寿昌,西北距徽州婺源。无事,听商贾之通行。有事,据要害以防守。守仙霞以扼闽,守豪岭以制括,防寿昌于梅岭,绝遂安于威岭,杜饶寇于歇岭。此户牖之计,未雨宜防者也。"

所属各县,也有相关的记载:

（西安）衢山分南、北两脉,南为仙霞山脉,北为黄黟山脉。南来自闽,经江山入境。北来自歙,经严遂入境。其西则连怀玉山脉,结合黄黟之余支,由常山入境,要皆南条诸山干中支也。其脉悉迤东行,顺浙江而下,高出上游诸郡,踞有建瓴之势。故上游之险要在山,而下游之险要在水。[1]

（龙游）入瀫江之滨,乃衢龙冲要之地。水驿当其南,马驿当其北,东连严睦,西引信闽,行人往来,循绳络绎,咸聚于此。[2]

（江山）据浙上游,为七闽孔道。西达豫章,东抵括苍,界连三省。高山深谷,险峻莫与近焉。县南仙霞岭,实为大江以南诸郡邑之祖山,蜿蜒磅礴,萃于金陵。旁分一枝,结为县治。万山环列,奇峰明媚,往往多仙灵窟宅。其水则从石鼓山发源,至峡口,汇括苍、柘浦诸派,至礼贤镇为文溪,过清湖镇,至城东为鹿溪,潆绕东注,合金川至于府城之西为瀫溪。盖地势独高,故山峻而廉,水清而驶,视五邑为最云。[3]

（常山）常地实浙江两尽之地,峦岭逼庳,形势峻绝。太平万年,固通达无壅。假设为攻守之论,以浙拒江者,封草萍之关,则西师之万骑可遏;以

---

[1] 郑永禧纂辑:民国《衢县志》卷二《山脉》。
[2] 蔡元定:《和渠虹桥记》。
[3] 同治《江山县志》卷一《舆地志》。

江拒浙者,塞渔溪之津,则东师之一缕莫通。昔人谓为雄镇,不其然哉![1]

（开化）东至本县六都金竹岭,与严州府遂安县界,陆路离城七十里;一至本府常山县界,土名小举,离城四十里。西至江南婺源县大鳙岭凹头,与本邑大坞地方接界;一至江西饶州府德兴县,土名白沙关,与本邑夹坑岭交界;又德兴,土名定坑,与本邑壕岭为界,陆路离城八十里。南至本府常山县界,土名界首,水路离城四十里;一至江西广信府玉山县,土名程村界头观音堂,与本邑严村交界,陆路离城六十里。北至江南徽州府休宁县界,土名汪公庙,陆路离城一百二十里。[2]

实际上,关于衢州在交通区位上的特点,仅从"衢"字上,就已经说明问题了。郑永禧先生(1866—1931年)在民国《衢县志》卷首,就专门写有《释"衢"》一文,目的就是为了说明衢州的"衢",并不是因为"州有三衢山",而是"因四通五达,江、浙、闽、广之所辐辏,故名三衢"。对此,他作了详尽的考证,全文如下:

衢起唐州,在元为路,在明为府,至今隶而为县矣。其疆域之盈缩虽不一,而名义之所出,要无不从同同也。按:《广舆记》:衢州府,汉曰新安,隋曰三衢,唐曰衢州。似衢之称三衢,实自隋始,然不言其何义。《元和郡县志》谓:州有三衢山,因取为名。

《通典》《通考》并云:山在州西,盖常山县境内。《常山志》:三衢山,在县北二十五里。

《隋志》云:昔有洪水自顶暴出,界兹山为三道,因谓之三衢,州名以

---

[1] 康熙《衢州府志》卷二《疆里图》。

[2] 光绪《开化县志》卷二《疆域志下》。

此。此一说也。今检《隋书·地理志》，无此语，亦未见有三衢名，其说尚存疑义。据元至元《重建衢州路总管府碑记》，唐始改为州，因四通五达，江、浙、闽、广之所辐辏，故曰衢。明邓元锡《函史》亦云：衢州府，为江、浙、闽、广之所辐辏，故名三衢。《方舆纪要》引出《图经》与《明一统志》三衢下引《吴会须知》"路通三越"之说合。三越犹三衢，一说也，又不仅以山名州也。合两说互勘之，固当以后说为长。《尔雅·释宫》：四达谓之衢。孙注：交通四出也。李注：四达各有所至曰衢。《释名·释道》：四达曰衢。齐鲁间谓四齿杷为櫂，櫂杷地则有四处，此道似之也。《说文》：四达谓之衢，从行瞿声。但其义不能以四数拘。《楚辞·天问》萍：靡蓱九衢。王注：九交道曰衢。《太玄经》作衢，亦有衢周九路语，斯不止四达之衢矣。《管子·轻重甲篇》言闻于三衢，又言衢处之民。《轻重丁篇》又迭言五衢之民。

举凡交通之道路，悉可通称之为衢，而三衢二字之义，既见于《管子》，可知古语有之。《周书·顾命》：一人冕，执瞿。郑注：戣瞿，盖今三锋矛。衢从瞿得声，亦含有三锋棱之义。道路之三歧出者，正似之，故取名谓之三衢也。

三衢为通衢之名，可无疑义。在唐时，通称衢州为三衢。梁肃撰《越州长史李公墓志》：三衢之人，道路相庆。即指此地而言。当海道未通以前，往来行旅，多出于此，其得名为衢，良有由也。惟古称八省通衢，今以驿路证之，实为皖、赣、闽三省之要道。曰江、浙、闽、广者，浙为本境，三省当然是江与闽、广。然明代皖、赣皆属江南，广包湘、鄂、桂及交州为五（统称八省）。犹属间接之道，非直接之道也。是以论衢地之得名，仍当以三省交通为断，不必援洪水界道之三衢山为言也。

全文引经据典，考证博赅严密。将"八省通衢"析分为直接的浙（浙江）、皖（安徽）、赣（江西）、闽（福建）四省和间接的湘（湖南）、鄂（湖北）、桂（广西）、交州（古时指今广东、广西及其以南地区，这里主要指广东）四省，也是符合衢州在我国交通大格局中的地位和作用之重要的实际情况的。

第二节　衢江迢迢商路长

这是劳乃强撰写的一篇文章的题目，后被编辑以《无远弗届，遍地龙游》为题，编入光明日报出版社2003年1月出版的《寻找浙商》一书四个部分中的第二部分。其开篇主要记述衢江与龙游商帮的关系：

衢江，从仙霞岭的大山深处发源而出，广纳百川东入钱塘。江流的冲激沃灌，便有了金衢盆地的数百里沃野和山川大地的无限风光。

衢江，在历史的长河中奔流，穿越万古洪荒，历经百世风雨，孕育了独具辉煌的地域文化和历史文明，也孕育出了以衢州为中心的一府五县的政区格局。先民们歌哭于斯，劳作于斯。明清时期，一个被人们称作"龙游商帮"的群体在衢江流域崛起，他们以龙游商人为中坚，集合了整个衢州的商界精英，以自身的实力和业绩与晋商、苏商、闽商、徽商等地域性大商帮一起纵横驰骋，并驾齐驱，跻身中国十大商帮之列，享誉当时的商坛。于是，山河增色，史册添辉，外部世界对衢江流域的关注有了焦点，衢江的涟漪和清波也增添了新的内涵和风采。

金衢盆地位于浙西一隅，仙霞岭横亘盆地南缘，千里岗逶迤于盆地北边，正有把盆地圈牢的架势。还好有这么一条衢江，在盆地从间穿过，盆地才有了流动的活力，盆地和外部世界的联系，才有了通道和途径。

于是，那些赴任的官员来了，坐着气派的官船，拥着或多或少的仪仗。志得意满的，满船欢声；落拓失意的，一江皆愁。

那些落难的巨家望族来了，带着旅途的疲惫，带着丧家的凄惶，也带着东山再起的企盼。他们一路船行，一路挑选安身之处，一路撒播来自中原大地的先进文化。

那些读破万卷书，跋涉了万里路的文人学士也来了，驾一叶扁舟，远山、近水、塔影、岸柳，满眼的锦山秀水，满腹的锦词华章。在衢州的文化积淀中就有了白居易"浮石谭边停五马，望涛楼上得双鱼"的佳句，曾几《三衢道中》的诗作，明朝王守仁"颠危知往事、漂泊长诗才"的感叹。

衢州的俊彦才士们也受着外面世界的吸引，顺流而下，走出了盆地。在衢州的史册上就有了江景房投籍沉江，正气感人的故事；赵清献一琴一鹤，该多潇洒有多潇洒的佳话；刘章高中状元，实现了衢州科甲零的突破的光彩；余端礼被誉为南渡名宰，名满天下的自豪。他们为祖宗争了光，替家乡人长了脸，也为故乡的人们壮了胆。

于是，细家小民中的胆大者也把目光投向了仙霞岭和千里岗以外的广阔天地。他们的船只未免简陋，他们的货物土里土气，他们的口音和行为举止难免令人可笑，然而，他们的货船终于驶出了金衢盆地，融合在精彩的外部世界之中了。龙游商帮的历史，开始揭开序幕，龙游商帮的辉煌，写下了重重的第一笔。

衢江上的商船愈来愈多。

但是，船舱里的货物却依然单调。无非是仙霞岭大山深处出产的毛竹、木材、薪炭、药材，衢江两岸小平原出产的大米、芝麻、花生，衢江北部黄土丘陵丛中出产的生猪、莲子、青油、白蜡……这些东西的出产远大于本地人的基本需求，唯有外销才不至于暴殄天物。这些东西又恰恰为盆地外部的人们所需要，那是一个非常广阔的世界，驶出衢江的商船一旦溶入外部世界，便成了杯水车薪。有需要就会有供应，一条以衢江水运为主的商路就此打开。

交换和商业的兴起，促进了商路的开通；一条便捷通畅的商路，又保证着贸易的顺利进行，促进着商业的进一步繁盛。号称四省通衢、五路总途的衢江，便是这么一条经商贸易的黄金通道。如果没有衢江，处地偏僻的衢州将被遗弃在历史的角落；如果没有衢江，龙游商帮的崛起就失去了依凭和基本条件；如果没有衢江，也就不会有"无远弗届，遍地龙游"的声誉鹊起。

衢江是钱塘江最大的支流，实际上就是钱塘江的上游段。衢江上游由常山港和江山港两条支流汇合而成。常山港是衢江的主流，发源于开化县海拔1 145米的莲花尖，后汇聚成莲花溪，再经由马金溪注入常山港。江山港是衢江的南源，发源于仙霞岭北麓的苏州岭和龙门岗。常山港和江山港在衢州城双

古人画中的衢江

港口汇合,奔腾东流,流经衢城及原西安、龙游两县,并在龙游县东进入金华的兰溪县,然后直下杭州,直至出海。

衢江主河道长200多公里,江面辽阔,水势平稳,利于船筏通行,历史上一直是衢州对外交流的主要通途,连接钱塘江既可以出海,也可以通过京杭大运河、浙东运河及钱塘江的其他支流,往我国东南地区各地辐射。南宋以来,衢江航道又被纳入官方的驿道,沿途建立了完善的驿站体系,成为全国官方交通网络中的重要组成部分。驿道体系的建立,更促进了衢江航道的完善和商业运输的繁盛。

对于龙游商帮来讲,衢江简直就是他们的生命线,可以说没有衢江就产生不了龙游商帮。尽管衢州的对外沟通并不局限于衢江一条路,但水运交通的直接、快速和轻便,是那些大山深处的崎岖山道所不能替代的。衢州的"四

衢江

省通衢"也罢,"五路总途"也罢;龙游的"东连严睦""西引信闽"也罢,"水陆辐辏"也罢;原因就在于有了以衢江为纽带的交通网络,串联起大大小小的溪流河道,连接了条条大道、山路,疏通、伸展了一条日渐粗壮、日益活跃的商脉。随着商运的繁荣,大大小小的码头在衢江两岸出现,承担起货物集聚中转,商旅停靠歇宿的功能,既得天时,更得地利,构成衢江沿线的一串明珠,繁忙、热闹,而且富庶。

华埠 位于衢江上游开化县马金溪与池淮港、龙山港的汇合处,浙江、江西、安徽三省交界地带,是三省货物交流集散的咽喉,水陆交通的枢纽,素有"三江通两省,三桥联四县"之说,被称为"浙西第一镇"。华埠已有一千多年历史,仅船埠头就有10个,它们各有名称和专业分工,如盐埠头、纸埠头、木排埠头、官埠头、油榨埠头等,埠头岸线总长达340多米,载重五吨至十吨的四舱至八舱的船只长年通行无阻,其中江山帮一艘载重25吨的十二舱船为最大。木材、茶叶是开化主要特产,远销沪、杭、宁、绍和北方各地,一到放排之日,江上木排接木排地长达数里,顺流而下,遮掉半条江面。还有专门加工吊排用篾缆的商户,专门承包木排运输的"撬把"等。专营茶叶购销的商家也不少,每年外运的茶叶约四五千箱。另外还有桐油、茶油、柏油、松香、棕毛、木炭、靛青、香菇等土特产,每年外运各在千担以上,仅香菇行最多时达13家。外地经过华埠转运的货物则有景德镇的瓷器、婺源的茶叶、乐平的靛青、德兴的大米、鄱阳湖的鱼干等。各类船只运回的物资则以食盐、食糖、棉百杂货和各种副食品居多。当时食盐为专卖品,经营食盐必须办理盐引执照等手续,办理盐务的官方机构称"盐运司",各级盐运司中绍兴帮势力最大,所以在华埠开设盐仓的大多数是绍兴人。这些盐仓除供应本地外,大部分销往江西、安徽,有专门的"挑盐客",把土特产挑来,把食盐挑去。有经营当铺的"永济典",还有钱庄多家,其中万泰源钱庄创办于清光绪年间,在衢州、屯溪设有分店,是华埠最有实力的店号。

清湖　位于江山县城南 8 公里,是衢江南源江山港的第一码头。古时仅是一个渡口,称清湖渡,建有浮桥,以通行旅。明天启三年(1623年),福建布政使葛寅亮建议,关闭崇安的分水关,开放浦城小关。清顺治八年(1651年),清闽浙总督驻衢州,把入福建的道路从原来的常(常山)玉(玉山)古道,改为取道江山,经仙霞岭路到浦城。清顺治十二年(1655年),又将原来设在常山的广济渡水马驿迁到清湖。从此,由浙入闽,都自清湖登陆入仙霞岭道,清湖逐渐成为浙闽交通线上的水陆要冲,既是浙、闽、赣三省边境货物集散地,又是官员过往必经之地,故有"内通福建外通京"之说。因此,这里也是江山船妓集中之地,吹拉弹唱,通宵达旦。不知当年那位那位满族名士宝竹坡侍郎,因娶江山九姓船女为妾,自劾去职,留下"宗室八旗名士草,江山九姓美人麻"笑谈的事,是否就发生在这钱塘江上游的清湖码头?这里的大小竹筏多行驶于江山港上游山区,货船则往返于衢州、兰溪、严州(建德)、杭州等地,闽北的冬笋、笋干、香菇、

清湖码头

米仁、江西广丰的烟叶、茶叶，本地出产的方高纸、花笺、柏油、茶油、木炭等，都在这里转驳运往外埠。沪杭、宁绍等地的食盐、布匹、绸缎、南货、海味等，运到清湖后由各过载行雇用挑夫，转运至闽北、赣东一带。由九个过载行组成的"九合总行"，房舍轩敞，整洁雅致，专门用来招待过往的高级官员，还曾经做过浙闽总督的临时行辕。

辉埠 常山辉埠，因出产石灰而得名。原名灰埠，传说有位官家夜来泛舟江上，见远处一片火光映红天空，打听之下方知是石灰窑发出的火光，官家不由地感叹："灰埠不灰，乃辉埠也。"于是就被称为辉埠。辉埠出运的货物自然以石灰为主，埠头边一溜儿泊满船只，每天可吞吐近百艘。船家从义乌运来甘蔗、红糖，从衢州运来棉布等各种日用品，卸货后则由挑夫将一担担石灰装上船，等到顺风之时，扯上帆，直放义乌、东阳、杭州等地。石灰不但是建筑材料，更为改善稻田土壤结构所不可缺少，每当春天稻田第一遍耘田时，农户都要在稻田中施石灰，因此需要量很大。当时辉埠装运石灰最大的船只是容得下四万斤石灰的八舱船。辉埠街上一直都是人流拥挤，热闹非常，三家戏院无论白天黑夜连着唱戏，各种店家也是挨挨挤挤，一家连着一家。

航埠 衢州是天下闻名的柑橘之乡，以本地特产椪柑最为有名。据明代何乔远《闽书》所说："近时天下之柑，以浙之衢州、闽之漳州为最。"明代吴郡人张大复所著《梅花草堂集》记载："橘之品出衢、福二地者上。衢以味胜，福以色香胜。"并说"瓤阔厚多液"，而且要"霜后采摘，藏半月许始出贩，乃不知味韵俱足却在冬春之交。先此，味不全；入春，则易败。"从这些描述来看，张大复所说之橘，实际上就是椪柑，而这种品种"只有航埠将军叶村叶久春独家种植"。[1]这西安航埠，正是衢州主要橘乡之一，作为衢江边的一个重要码头，航埠运出的货物当然以柑橘为主。"满园橘子谁先熟，摘得头红不待秋。黄竹织

---

[1] 陈定謇：《信安旧事》。

箱松翠盖,春风一浆趁苏州。"说明当时外运的橘子已经使用竹箱,而且远运至苏州一带。最盛时,航埠一带产橘达几百万斤。当地橘农将橘子运至埠头出售,由那些外地来的贩子收购外运,或者将橘商引至自家橘园,当场判定价格,由他们雇人采摘挑运;当然也有能干的,他们自作商贾雇船外运,去赚大钱。因此每当橙黄橘绿的金秋时节,航埠码头分外热闹,舟船辐辏,帆樯林立,而且全镇要唱戏三天,以示庆贺。除柑橘之外,航埠一带还出产大米、大豆等,方圆几十里的出产都集中到这里出运,本地人需要的各种日用百货,也由船家从外地捎来,因此一年到头,航埠都繁忙兴盛。

水亭码头 位于衢州城大西门(水亭门)外,衢江沿岸有青龙码头、浮石埠、德平埠、朝京埠、中埠头、盐码头、常山码头、杀狗埠、柴埠头九个主要码头,因此有"十里九码头"之说。其中青龙码头是官码头,建有青龙亭,是过境官员的专用码头;朝京埠为驿站所在,设有上航驿;杀狗埠(又名"杀耿码头",不知是否和耿精忠有关)是江山和开化船只的停靠处,也是旧时的行刑之处,当年左宗棠在衢州处斩太平天国战争时犯有失职之罪的浙江布政使林福祥等人,就在这里执行;常山码头是常山船只往来停靠的码头;柴埠头是江山船只和各种竹筏木排的停靠处,用于起卸竹木柴炭;德平埠则是各种客船的停靠处,上至开化、江山、常山,下至龙游、兰溪、杭州等地的旅客均在此上下船;盐码头由盐商建造,是最热闹的码头;中埠头是义渡所在,由龚姓人捐资创办,因此又称"龚码头"。为维持码头秩序,避免不必要的交通堵塞,上行货船分别在常山码头、杀狗埠、柴埠头停泊,下行货船则主要在盐码头、中埠头停靠。水亭码头是衢州与外地通商交往的口岸,是衢州与浙、闽、赣、皖四省各地客运、货运的集散地,设施完善,规模不凡,江面上船只穿行如织,沿江帆樯林立,码头上下挑夫、脚夫肩挑背负往来穿梭,自有一番兴旺热闹的景象。当时运出的货物主要是土纸、油类、大米以及竹、木、柴、炭、石灰、茶叶、烟叶、香菇、笋干等物,运回来的大多是京广百货、食盐、南北货以及来自

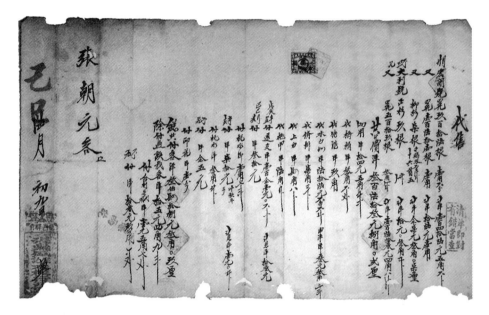

张鼎盛木行结算单

海宁、常熟、通州等地的布匹，等等。码头的兴旺，也带动了商业的兴盛，水亭码头以东的不少街道因此成了商行、店铺、餐饮业的集中地；各种运输行也随着产生，他们有大商号作为固定的户头，信誉甚好，那些钱庄因同业拆借外运的现银，也由他们解运。

驿前　位于龙游县城以北五里路的衢江南岸，因地处停埠驿的南面，故名驿前。这是龙游最大的码头，南宋以来也一直是官府驿站所在地，有一番水陆辐辏、百物汇聚的热闹和兴旺。衢江西去东来，沟通衢州与外部世界的联系；灵山江自南而来，紧傍着驿前东侧汇入衢江，带来了县南山区的竹木薪炭及土纸、药材等山货，驿前码头的输出物品也以木材、毛竹等为大宗，县内最大的张鼎盛木行就设在这里。张鼎盛木行的主人叫张芬，本地人称呼他为"张老颂"，是龙游商会的首任会长，也是龙游的首富，县城沿街店铺有一半是其家产。

驿前设有七个码头，包括接官码头、渡船码头、中码头、老渡船码头、后街大码头、后溪小码头、灵港码头，沿衢江和灵山江呈曲尺形分布。和驿前隔江相望的，则是茶圩镇。茶圩地临衢江，从龙游北乡腹地流出的龙溪在此与衢江交汇，龙游北乡以大米和毛猪、油蜡为出产大宗，这里便成了龙游最大的米市，有店面100多家，以汪怡泰米行外销规模最大。汪怡泰米行的老板汪益乐为米行伙计出身，后来自立门户，成为衢（衢州）龙（龙游）建（建德）一带最大的米商。汪益乐有一年因其反对儿子纳妾，赌气关门歇业，引起市场骚动，后经知县登门劝说才开门营业，市场也因此而恢复平静。一座平政浮桥把这两个码头紧紧地连在一起，构成龙游的门户和商贸运输中心。南宋诗人，被誉为"永嘉四灵"之一的翁卷（字灵舒）就写有"未得桥开锁，去舟难自由。诸禽来入竹，木叶下随流。忽见秋风喜，还成岁早愁。卧闻篙子说，明日到衢州"的诗句，说明早在南宋，这里就有了浮桥。这两个码头是当年龙游商帮外出经商的出发点，在整个东南沿海的交通网络中，这里也占有重要地位，明朝《新刻士商要览·天下水陆行程图》中就载有以这里为中转点的由衢州至建宁、由杭州至福州、由处州至衢州的三条通商要道，并载有"停步湖头问去津，兰溪风物更宜人。驿夫知我南来客，移棹相近瀫水滨"的诗句。经济的繁盛引发了相应的消费与作乐，在这一带水面上长期活跃着载有船妓的"茭白船"，使这古老码头有了几分脂粉和笙歌管乐的雅韵。蔡东藩先生所著《民国通俗演义》中，就有1924年苏浙战争期间，"北佬"旅长夏兆麟在此"替钱江上游留点风流趣史"的记载。一位长期在驿前做香烟生意的日本人，也曾以打造一艘全新茭白船的代价，拥有了一位艺貌皆佳的船妓。

　　陈定謇先生在其所著《信安旧事》中，载有《风水轮流转的钱江上游商帮》一文，表示"说起龙游商帮，笔者认为界定范围太小，不如扩大为瀫水商帮或浙西商帮，这样一来既符合历史真实，也可壮大声势"。我们认同陈定謇先生的观点，因为以"瀫水商帮"来界定的话，更符合龙游商帮的地域特点，何况兰溪的商人，特别是兰溪的药商，与龙游商帮的关系也很密切（这个问题后面还将

论及)。陈定謇的《信安旧事》中还载有《钱江上游古埠头》一文,兹将其中所载几个不在衢州府范围中的埠头节录于下:

洋　埠

航埠而下,过衢州、龙游,我们便进入金华的西大门——洋埠镇。

金华火腿名闻全国,金衢盆地像只横放的火腿,洋埠就嵌镶在这巨型火腿的正中。这一带系衢江冲积而成的河漫滩平原,"湛湛水凝碧,离离稻垂金",地势坦荡,水网密布,物产丰饶。稻谷、棉花、蚕桑、甘蔗为主要出产,其中棉花亩产总在二百斤以上。

在这富饶的火腿心上,村镇密集,人烟辐辏。洋埠北与游埠相望,西同湖镇为邻,东和罗埠携手,南有汤溪为屏。常山港在衢州接纳江山港和乌溪江,在龙游承汇灵山江后,至此,水量大增,江面宽阔。洋埠临江面水,扼三衢而启八婺,济新安而通钱塘,南控闽赣,北达苏皖,为四乡集散之中心,东南交通之孔道,俨然一大商埠,素有"小香港"之称。

遥想当年,江上帆樯如云,舳舻相衔。拂晓,一江橹声帆影;入夜,十里棹歌渔火。镇上整日车水马龙,人来客往。山民渔父、游子旅人,五湖四海云集;徽商沪客、方士占者,三教九流齐汇。十字街上,遍布盐号布庄、茶楼酒肆;大店小摊,满是山货鱼鲜、菜蔬米粮。

游　埠

游埠位于洋埠以北五华里之处,是个有悠久历史、淳朴风貌的繁华小镇。

游埠溪曲曲弯弯穿镇而过,碧水悠悠,绿漪涟涟。"大街"、"柴市"、"太平"三座石拱桥和另一座石板桥次第排行,沟通两岸的街巷。主街道不甚宽阔,除了几幢颇有气派的时式高楼外,构成街道主色调的,仍是灰褐的木楼小阁和排门店面。早晨,溪西岸石桥头一带,菜市兴旺繁盛,各种菜蔬、鱼肉、瓜果、禽蛋,比城市里还充足。菜市上的喧闹声,构成了小镇最早的晨唱。这一切组成这江南小镇独特的风韵——恬淡而不显单薄,清幽而不乏热闹,正似一幅浓淡有致、动静相映的小画。

据记载,游埠有集市始于清初。当时,衢江古道直通镇南,交通极为便利。兰溪、龙游、汤溪一带的农副产品及各种杂货都在此集散。每年农历五月十三、七月廿二日,是这里传统的庙会,附近各县及江西、福建等地的货物都纷纷循水路而汇集此处。当时,游埠还设有一些专业码头,如柴埠头、石灰埠等。抗战时期,一些城市商人、富家避难于此开店办厂,使这里的工商业呈畸形繁荣。据统计,解放初这里还有米行七家、酒厂六家、布店六家、药店七家、花茶店三十七家……还有棉行、丝厂等,其繁荣兴盛,可见一斑。

罗　　埠

罗埠,位于罗江之畔,离衢江仅一公里。和洋埠、游埠鼎足而立,成三分之势。

据传,早先每年上半年,罗江常泛滥成灾,阻塞交通。镇上人家常以箩筐装满石块铺路,方便行旅。久之,镇便称为箩埠,后简写为罗埠。

罗埠以前是汤溪县物资集散出入口岸,纵贯汤溪的厚大溪和莘畈溪齐汇于此。水发时,竹排载着木料、柴炭,浩浩荡荡,顺流而下,经罗埠再装船转运外地。罗埠镇北边的洼地,相传以前是一泓深潭。从山区来的竹排多停泊此处,挤挤挨挨,常达百余,潭也因此唤为毛竹潭。停好竹排,山民们便结伴联袂,到镇里卖些山货,再采购粮菜盐布等,车运肩挑而归。地处物资中转和消费中心,罗埠的市面素来发达,很早便在此开市。据康熙《金华府志》,罗埠称新兴市,康熙《汤溪县志》载,罗埠称花园市,民国《汤溪县志》又称罗埠市。日后,衢江航运之利虽日渐萎缩,但金衢公路交通之便却方兴未艾。罗埠作为富庶的平原地区的区政府驻地,繁华依然不减当年。每天镇上人流多达万人，整日喧闹。尤其是茶市，冠冕一方。现有茶室六十八家，充塞大街小巷。茶室甚简陋，多木桌条凳，一灶一壶而已。饮茶品茗的多是老人，谈天说地，评非品是，足可消磨时日，以娱晚年。

罗埠滨临衢江，土质疏松，除产粮棉油外，甘蔗种植也很普遍。仅罗埠一镇，便有蔗田数百亩。由于交通欠畅，加工能力不足，遂形成非常奇特的"公路蔗市"。收蔗之后，农民把甘蔗整排整坨摆于公路两旁，青皮红皮，绵延数里，任过往车辆旅客选购捎带。

女　埠

衢婺两水经数百里奔波，至兰溪城欣然欢聚，而后轻舒腰肢，款款而行。从兰城乘船不过三十分钟，即可看到依江而立的女埠镇。江流至此，水平岸阔，碧水盈盈，恰似一位安闲恬静的少妇。

相传，古代有一位皇帝从这里经过，看见沿岸一字儿排开许多槌衣的女子，个个端庄秀美，不禁脱口而出："美哉，女儿浦！"后人于是就将此地唤作"女儿浦"。以后，由于语音的演变，"女儿浦"遂成了今日的"女埠"。

女儿浦得名之传说确否，已无从考证，但那静静伫立在江岸上的小镇，在芦荻古樟的掩映下，与碧蓝明净的江水相映照，倒是显出几分清秀之气。

千百年来，女埠仗着水路交通之便和自然经济条件的优越，成了方圆几十里的经济中心。镇上客旅如梭，商贾咸至；数家钱庄商行，几多酒肆茶楼，摊点遍布，物阜货丰。而远帆云影，近水桨声，夕阳炊烟，江风渔火，曾勾画过这江南水镇几多"女儿"风姿。如今，小镇虽仍富舟楫之利，是兰溪至杭州的第一个停靠码头，每日往返城里的班船也有二十多次。然而，现在陆路交通更占上风，因水而兴的女埠镇，也一定程度降低了其为一方大镇的地位。走在古镇的街巷里，那幢幢肃然而立的石门厅堂告诉你，小镇曾经富甲一方。

第三节　常 玉 古 道

从浙江省来看,衢州偏处浙西,无论经济还是文化,似乎都无法和杭、嘉、湖、宁、绍等地相比。但放在全国交通大格局的角度来衡量,衢州面向福建、江西、皖南以及纵深的湖南、湖北等广大区域,称得上是"长三角"和这些地区的连接点。历史上承担起这一重任的,便是那条常玉古道。常玉古道因东起常山,西达江西玉山而得名,是衢州历史最为悠久,地位最为重要的陆路干线。

唐元和三年(808年),当时和韩愈齐名的哲学家、文学家李翱(772—841年),"受岭南尚书公之命",于十月自长安出发,经由东都洛阳下运河水道,途经河南、安徽、江苏、浙江、江西、广东等省,于次年六月上旬末到达广州,整个游程近4 300公里,历时175天,全程他都记有日记,名为《来南录》。其中和衢州有关的记述如下:

> (元和四年)二月戊子至杭州,癸巳驾江涛逆波至富春,丙申七里滩至睦州,庚子上杨盈川亭,辛丑至衢州。以妻疾止行,居开元佛寺临江亭。后三月丁未朔,翱在衢州,甲子女某生。四月丙子朔,翱在衢州,与侯高宿石桥。丙戌去衢州。戊子自常山上岭至玉山。自杭州至常山六百九十有五里,逆流多惊滩,以竹索引船乃可上。自常山至玉山八十里陆道,谓之玉山岭。

其中"自常山至玉山八十里陆道",就是"常玉古道",李翱称之为"玉山岭"也是对的,因为这条路历史上也称之为"常玉岭道"。李翱的这次行程,从北往南,水陆兼程,纵贯中国的中原、东南,直至岭南,途中又因女儿出生,在衢州耽搁45天。如此的旅程,对于习惯了现代交通工具的人们来说,实在有点难以想象,真可称之为"壮游"了。而常玉古道在当时我国交通格局中的重要地位,也就不言自明了。

这条常玉古道,实际上就是前面已经提及的那条春秋时期从大越城(绍兴)至鸳干(江西余干)道路中,浙赣交接处的那一段。此后经历朝根据交通格局的变化而不断拓展延伸,常玉古道在全国交通格局中的地位一直得到加强,并在一些军事行动中发挥至关重要的作用。如秦始皇二十八年(公元前219年),派屠睢率五十万大军分兵五路,平定百越。其中一支军队就由鄱阳湖东经余干,分兵从武夷山的分水关和江西永丰之二渡关进入今福建境内的崇安、浦城,又折向今之龙泉、丽水、温州而占领闽越、东瓯之地。这次的进军路线就是在江西余干与常玉古道相衔接,沟通了由衢州东趋会稽,南达福建的通道。汉建元六年(公元前135年),汉武帝派遣大司农韩安国出兵会稽,从山阴、诸暨、太末沿常玉古道进入赣境,然后再经二渡关或分水关入闽。东汉建安元年(196年),孙策任命贺齐为太末长,负责平定山越叛乱。建安八年(203年),贺齐兵出太末,经常玉古道平定侯官、建安(今建瓯)、汉兴(今浦城)、南平之乱,并在建瓯设立都尉府。南朝陈时,长山(今金华)的留异与据守江、郢二州(今江西、湖北一带)的王琳准备谋反,也通过常玉古道暗通消息。

由于大运河的开通,全国交通格局发生变化。唐朝又以长安为中心,修筑驿道5万里,使交通更为便捷。其中一条驿道就是从长安经洛阳、汴州(今开封)、宋州(今商丘)、泗州(今盱眙)、楚州(今淮安)、扬州,渡长江,经润州(今镇江)、常州、苏州而至杭州,再出睦州(今建德)、衢州至信州(今上饶)。然后一分为二,一条由信州至洪州(南昌),翻越大庾岭直达广州——李翱去广州走的就是这一路。另一路则由信州翻越武夷山至建州(今建瓯),然后到达福州。这两条路都可出海,直至更远。不难看出,从常山到信州的这条常玉古道,是整个驿道体系中的重要环节。《贞观政要》说:"行旅自京师至于岭表,自山东至于沧海,皆不赍粮,取给于途。"并说:"和市之物,不绝于乡间;递送之夫,相继于道路。"说明因驿道制的推行,交通的便捷和商旅的繁盛,当时常玉古道上商旅往返的热闹不难想象。

南宋定都临安后，因统治中心南移，浙江一带治安条件得到强化，为方便长江沿线的用兵，又将原先的陆道驿路部分改为钱塘江水道，从杭州至衢州的驿路改为船行。从浙江往西往南的货物，均从衢江水道招贤渡至常山，然后舍舟登陆，经草坪入江西至玉山；至玉山又舍陆为舟，下信江至闽广。当时从常山至玉山的陆路（即常玉古道）仅40公里。此后直至被现代交通所取代前，常玉古道一直是关键的交通要道，而且因为两端都是水道，因此这一段陆路交通特别繁忙。明朝时还在常山设置递运所，专门递运经过常玉古道的官家货物。清光绪《常山县志》转引王畿的文章说："常山两浙上游，水陆之会。江、闽、楚、粤、滇、黔、川蜀之运，上达京师；与夫自上而下者，无不道经于此。"明王涣《筑城赋》也说：（常山）"实川途之要会，亦陆路之巨冲。草萍驿峙，瀫溪水溶；遥接烂柯，青霭芙蓉；气连仙霞，白瑞云封；豫章襟喉，瓯闽心胸。"这里说的草萍

草萍驿遗址

驿，是从浙江西行境内的最后一个驿站，出了草萍驿，就进入江西境内，当时还立有"八省通衢要隘"的石牌坊。清光绪《常山县志》卷四《形胜》也说：

> 常地为江、浙两尽之地，形势峻绝。以浙拒江者，封草萍之关，则万骑可遏；以江拒浙者，塞渔溪之津，则一艘莫通。昔人谓为雄镇，不其然哉！

到明朝中期，由于商业日趋繁盛，经商者日众，一些专门供商人使用的商书也应运而生。这类书籍除介绍经商有关的选物、辨货、识人、防骗、防盗、交际、天象等内容外，往往对一些主要商路作有介绍。在明天启六年（1626年），

草萍过脉图（原载明天启《衢州府志》）

由徽州人憺漪子编的《新刻士商要览》中，就载有《天下水陆行程图》100条。其中第八条《徽州府由常山县至建宁府路》，走的就是常玉古道：

> 徽州府，下水。一百里，至街口。八十里，至淳安县。六十里，至茶园。九十里，严州府，进横港。上水，一百里，兰溪县瀔水驿。九十里，龙游县停步驿。八十里，衢州府上杭埠驿。八十里，至常山县。四十里，至草萍驿，今革。四十里，至玉山县。五十里，至沙溪铺。五十里，至广信府。五十里，至傍罗头。三十里，至铅山河口。三十里，至铅山县。陆路，四十里，至紫溪。三十里，至乌石街。四十里，至大安驿。四十里，至崇安县。下水，三十里，至武夷山。《道书》第十八洞天，山景绝胜，朱文公精舍在焉。四十里，兴田驿。五十里，至天滩。十里，挂滩。十里，走马滩，险。十里，考亭，朱文公墓在此处。五十里，至漳滩，险。五十里，至双溪口。十里，白沙铺。十里，和尚滩。二十里，至叶坊驿。十里，羊角滩。十里，青铜滩。十里，挨脚滩。十里，建宁府，建安县城西驿。

记载得非常详尽，就是在今天来说，也是富有史料价值的。

第四节　仙 霞 岭 路

清顾祖禹《读史方舆纪要》，把仙霞岭列为浙江的"重险"之地。说：

> 仙霞关，在衢州府江山县南百里仙霞岭上，又南至福建浦城县南一百二十里，为浙、闽往来之冲要。或曰仙霞岭即古泉山也。杜佑曰："泉岭山在衢州信安县西南二百里。"汉朱买臣云："南越王居保泉山，一人守险，千人不能上。"今其山周围百里，皆高山深谷，登之者凡三百六十级，历二十四曲，长二十里。唐乾符五年，黄巢破饶、信、歙等州，转略浙东，因刊

山开道七百余里，直趣建州，即此岭也。绍兴中史浩帅闽过此，募人以石甃路，自是镌除铲削，旧时险厄，稍就宽平。凡自浙入闽者，由清湖渡舍舟登陆，连延曲折，逾岭而南，至浦城县城西，复舍陆登舟以达于闽海，中间二百余里，皆谓之仙霞岭路，诚两浙之衿束，八闽之咽喉也。

书中还记述了仙霞岭路中，除了仙霞关以外的其他五个关隘：

> 五关者，一曰安民关，在仙霞东南三十五里，路通处州府遂昌县（关属江山县界）；一曰二渡关，在仙霞西南八十里，路通江西上饶、永丰县（关在浦城县西北一百十五里，出关即永丰县界也）；一曰木城关，在仙霞西南六十里（关在二渡关东北，其地亦属浦城）；一曰黄坞关，在仙霞西南五十里，路皆通永丰（关属江山县界）；一曰六石关，在仙霞西南三十五里（以六石岩而名。岩中巨石雄峙，水绕石旁，路出水侧），路通江山县及广信府之玉山县（关属永丰县，与江山县接界）。此皆江、浙往来之间道，与仙霞共为六关，土人有"仙霞六关"之称。然六关之中，惟二渡关山溪环匝，路容单骑，从江右广信入闽，可以取径于此。

《读史方舆纪要》是我国一部重要的历史地理学著作，有"数千百年来绝无仅有之书"之誉。由于作者顾祖禹为了抗清复明，曾参加过耿精忠的反清活动，亲身进出过仙霞岭路，因此记载具体而翔实，娓娓道来，给人一种亲临其境之感。

关于黄巢的刊山开道，《旧唐书》有记载："乾符五年三月，黄巢之众再攻江西，陷虔、吉、饶、信等州。自宣州渡江，自浙东欲趋福建，以无舟船，乃开山洞（路）五百里，由陆路趋建州，遂陷闽中绪州。"乾符五年为公元878年，此时的黄巢正受到官军的围攻，处境很是被动。没有船只，自然不能由海路南下福建；因官兵的围堵，又不能走常玉古道，从江西永丰之二渡关翻越武夷山进入福

仙霞古道

建；只好就近开辟仙霞岭路，进军福建。正是黄巢无奈之中的求生之举，造就了这一条通往福建的山道，造成了"浙为东南屏蔽，衢又为浙之重镇，而仙霞岭又衢州一府之要隘也"[1]的关山形胜。

　　黄巢开通此路后，到五代吴越时，吴越王钱镠尊奉中原后梁王朝，每年都要贡奉大量的贡品，运往京都大梁（今开封）。由于吴越北境为杨行密的吴国（后为南唐），钱镠与吴国交恶，因此吴越北上的道路受阻，送往京都的贡物只得绕道衢州，经建州（今建瓯）、虔州（今赣州一带）、郴州（今郴县）、岳州（今岳阳）、荆南道（今长沙）而运往京都。这条转运路线走的就是仙霞岭路。到后唐长兴四年（933年），闽王之子王璘称帝，建都长乐（今福州）。当时的吴越王钱元瓘担心闽王犯境，便在两国交界处修筑枫岭关，成为后来浙闽分疆之地。

---

〔1〕 雍正《浙江通志》。

到了南宋时，仙霞岭路又经史浩"镌除铲削"，使之"稍就宽平"。由于"不逞之徒往往跳穴其间，内可以聚糗粮，下可以伏弓弩，缓可以肆剽掠，急可以远遁逃，以故浙闽之交多盗寇，好作乱。长吏不敢问，将兵者难扑灭，地险然也。"[1]因此虽然比经二渡关入闽近了100公里，但仙霞岭路在相当长的时期内，并未完全取代原先从常玉古道入闽之路，并有"到来福地非为福，出得仙霞始是仙"的民谣流传。此后由于民间商业发展，商旅日益颇繁，"福之丝绸、漳之纱绢、泉之蓝、福延之铁、福漳之橘、福兴之荔枝、泉漳之糖、顺昌之纸"[2]纷纷输入——特别是茶叶，福建的"建茶"一直是名品，其出产地虽在福建，集散地却在衢州——再加上明隆庆六年（1561年）开放"海禁"，大量货物经仙霞岭路进入衢州后外运。到明天启三年（1623年），经福建布政使建议，开放浦城小关，仙霞岭路日益繁忙。到了清初，为了消灭南明政权、进攻郑成功、平定耿精忠之乱，清廷多次对福建用兵，仙霞岭路成为清兵入闽的主要道路。顺治十二年（1655年），又将原设在常山的广济渡水马驿迁至江山县城南十五里的清湖，仙霞岭路自此成为官方驿道，其地位便远远超过原先常玉古道经二渡关进福建之路了。顺治十一年，清政府还在仙霞岭路的中点江山廿八都，设置浙闽枫岭营寨，设游击一员、千总一员、把总二员，率兵丁五百，防守浙闽分界处。从此，经过仙霞岭路的商旅日益增多。

憺漪子编《新刻市商要览·天下水陆行程图》第十一条《杭州由江山县至福建省路》，走的也是仙霞岭路：

> 杭州江口，搭船。九十里，至富阳县会江驿。九十里，桐庐县桐江驿。八十里，东馆富春驿，进横港。一百里，至兰溪县瀫水驿。九十里，龙游县停步驿。八十里，衢州府上杭埠驿。九十里，至江山县。二十里，清湖，起旱。

---

〔1〕同治《江山县志》。
〔2〕王世懋：《闽部疏》。

五里，竹乔店。十里，石门街。十五里，江郎山，其山甚秀。十五里，峡口，过渡。十里，三溪口，有观音阁。二十里，保安桥。五里，仙霞岭，巡检司。十里，杨姑岭。十里，龙溪口。十里，下溪口。十里，南楼，浙、直（闽）分界处。五里，至大枫岭。十里，九牧铺。二十里，渔梁街。十里，仙阳街。三十里，浦城县。雇清流船，水路竟到省城。四十里，观前。八十里，陈步。三十里，瓯宁县。十二里，小湖滩。十八里，双溪口，西去崇安县。十里，叶坊驿。六十里，建宁府城西驿。四十里，太平驿。四十里，大横驿。六十里，延平府剑浦驿。六十里，茶阳驿。四十里，沧峡，巡司。二十里，黄田驿。五十里，至水口驿。四十里，大箬铺。十里，至小箬铺。八十里，白沙驿。二十里，竹崎所。四十里，芊源驿。二十里，福州府，闽县、侯官县三山驿。

清初诗人周亮工（1612—1672年）有《自长安返止清湖，是为须江尽处，明日便发霞岭》诗传世：

> 万滩腾掷众山斜，幼渺江流亦有涯。
> 小憩悲如方出岭，频来直使倦还家。
> 五株欲种门前柳，千树空题观里花。
> 莫忆劳劳庭下月，送人风雨渡仙霞。

周亮工在福建服官八年，先后担任按察使、布政使等要职，还兼任过兵备，海防，督学，建南、漳南、兴泉等地的道台，并于清顺治十一年升任左副都御使，调离福建。周亮工八年的仕途还是很顺利的，只是由于不堪忍受多次翻越仙霞岭路之苦，因而引用陶渊明和刘禹锡的典故，表达了归隐江湖的念头，可见其心情还是很纠结的。也说明当时的仙霞岭路，实际上还是很险峻的。官家如此，商家的烦恼当然更深、更多。

第五节　挑松阳担

　　劳乃强在乡下插队时,看到过一种特殊的担柱,打听之下,才知道是村民的先辈当年"挑松阳担"时使用的。担柱是挑重担和长途挑运时的工具,其作用有三:一是分散负重。由于担柱插于扁担和另一个不挑担的肩头之间,这就使部分负重通过担柱转移到另一个肩头上了,从而减轻了担子的重压。二是供换肩和歇力之用。当负担者要歇力或换肩时,就把担柱拄于扁担下面,这样就把负重转移到担柱上了,负担者只要用手扶牢担柱和扁担的接触部位,就可以腾出挑担的肩头,略作歇息,然后换个肩头继续挑行。三是遇到道路崎岖时,供负担者支撑身体,保持平衡。一般的担柱只是一根高与肩齐的木棍,上端削出一个缺口,以避免挑担时从扁担下滑出。记得那时上山砍柴,往往临时找一根柴棍,用柴刀那么削几下,就可作担柱使用。

　　"挑松阳担"用的担柱却颇为复杂。从形状上看,它比一般担柱要粗得多,除顶部削成扁平状,捏手处较细外,其他部位足有杯口粗细,圆滚滚地如同一根门扛。其底端是用铁箍固定住的铁头,铁头呈圆扁状,有尖头,像是一件兵器。更为奇特的是,在担柱下方距铁头不远处,还凿有两个长方形的小木槽,每个木槽中嵌有两枚用铁钉串牢的铜钱,互相碰撞时,会发出叮叮当当的响声。

　　挑松阳担者,实际上就是从事龙游和处州府松阳县之间商贸活动的行商组织的挑夫队伍。一般输出去的是龙游出产的竹浆纸,运回来的则是松阳出产的瓷碗(也有产于龙泉,经松阳转运)和温州一带出产转运到松阳的食盐、盐卤之类。为了不使挑夫走空路,往往从龙游县城出发时挑的是大米,到南乡的灵山或溪口等市镇再换成当地出产的竹浆纸,每次行程往返四天,途中在今沐尘畲族乡的上塘过夜。上塘虽然只是一个山村,由于挑夫和行商都在这里歇宿打尖,因此繁忙热闹宛如市镇。小小的村子却分成上街、中街和下街,还被称为"上塘市"。

上塘以南的山路称"上塘岭",地处龙游县最南端,岭长2.5公里,形势险隘,是历史上龙游通往当时处州府属遂昌县、松阳县,并进而深入到处州(今丽水)、温州的交通要道。由于地处衢、处两府交界,且形势险恶,从明朝开始,官府在此设寨,驻军扼守。清顺治五年(1648年),任龙游县教谕的黄涛写有《上塘岭》诗:

> 游山仍傍水,水曲路穿山。
> 鸟道凌空上,羊肠望远攀。
> 郫筒通绝涧,蜀栈补危湾。
> 豺虎应藏迹,荆榛近已删。

诗写上塘岭形势之险,突出一个"路"字,正是抓住该岭为交通要道的特征。第一联写水曲路折穿山傍水,第二联描写岭高路陡,第三联借用蜀道和郫筒来形容形势之险,巧妙地借用李白《蜀道难》的诗意来丰富读者的想象,进一步烘托了上塘岭的险峻难行。

从龙游到松阳都是石块铺成的山路,道路险仄,为便于翻山越岭,挑松阳担者都把担子装得一头轻、一头重,以便随山势的上下而调整重心。当时的竹浆纸以"块"为单位,每块4 000张,重20公斤,压实扎紧。因此都是一头两块,一头一块,上坡时重的一头在前,下坡时轻的一头在前。担柱之所以做得粗,目的是利用杠杆原理转移肩头的负重。由于下端装有用铁制成的尖头,哪怕是只要有一点石板缝,也照样能使担柱稳稳地站立。行路时由富有经验的老手领头,一路稳步行走,按一定的距离换肩歇力。当前面的挑夫拖着担柱行走时,嵌在担柱中的铜钱就会互相碰撞发出脆亮的声音,后行者闻声就知道前面的挑夫要歇力了;当听到担柱的铁头重重地磕在石块上的声音时,后行者就知道前行者已停住脚步歇力了。因为山路盘旋逼仄,挑夫们要时时注意脚下的道路,大家就是靠这些声音来了解前行者的情况,并调整自己的

上塘岭古道

行动，于是一个传一个，很快就从头到尾都知道了。只有如此，才能避免担子互相碰撞，发生危险。为了避免担柱失手跌落，他们还用绳索将担柱和扁担连在一起。扁担上还装有一截竹筒，下雨天可用来安插雨伞。为了防备盗匪抢劫，大家都结伴而行。那一份担惊受怕和辛苦劳累，应该和《水浒传》"智取生辰纲"里的情景相同吧。

憺漪子编《新刻市商要览·天下水陆行程图》第十六条《处州府由龙游至衢州陆路》，详细记载由处州至龙游的行程，其中松阳至龙游段，就是"挑松阳担"的路程：

> 处州府，过河。二十里，至石牛。过河，十里，至九龙。十里，碧湖。十里，宝定。十里，堰头。十里，寓溪。十里，净居。十五里，至五尺口。五里，至石佛岭。五里，水车。十五里，至松阳县。二十里，至旧市。十五里，界首。十五里，二都街。西十里，遂昌县。二十里，马埠。十里，甘溪。十里，至北界。十五里，上塘。十五里，溪口。五里，灵山。十五里，冷水。十里，官村。二十里，龙游县。八十里，衢州府。

按其所标行程计算，龙游至松阳路程为一百八十里，如此距离，挑着重担行走，两天显然是不能完成的。而从龙游到上塘，里程为六十五里，恰为一天的行程。不知过了上塘之后，是否有更近的山路？或者他们的目的地并非松阳县城，而只是松阳境内的某个口岸？

和"挑松阳担"类似的挑夫队伍实际上是很多的。随着商业的繁盛和交换的发展，县与县之间，市镇和市镇之间，产地和外运的码头之间，路途或近或远，货物各不相同，多的却是这些由商贾们率领的挑夫队伍。就是那常玉古道和仙霞岭路上，随着商业的日益兴盛，平时进进出出的，主要也还是这些负着重担，一步一个脚印地走出条条商路的挑夫们。

第四章　鼎盛时期的龙游商帮

　　按照陈学文先生的论断，"龙游商帮的历史经历了三个阶段：萌发于南宋，鼎盛于明清，衰落于清光绪以后"。本章着重论述鼎盛时期的龙游商帮。

　　在我国封建社会的历史里，长期以来视商为"末业"，采用重农抑商政策，致使在相当长的历史时期中，商人一直处于"四民"之末，商业被看作"贱业"，得不到应有的重视，不能顺利发展。尽管也有不少学者站在时代的前列，提出不少正确的见解，如南宋时期永嘉学派的代表人物叶适（1150—1223年），他因定居于永嘉城南的水心村，世称"水心先生"，就提倡"商藉农而立，农赖商而行"，认为"士、农、工、商四民交致其用，而后治化兴"，甚至提出"以利和义"的功利观点。当然，叶适的观点一直不为主流社会所认可，而被视为旁门左道。

　　但在古代中国，由于各地方物产的差异和广大群众消费的需要，又离不开商品交换，所以商业的发展和商人势力的壮大是无法避免的客观存在。尽管这个过程是那么缓慢，那么步履维艰和曲折艰难，当社会经济发展到一定程度，当商人势力和商业资本发展到一定程度，一旦封建统治者作出不得不让步的政策调整，这一切便如决堤之水，以不可阻挡之势汹涌泛滥。到了明代万历年间，就连全力推行"一条鞭法"的首辅张居正，也不得不承认商业的作用："商不得通有无以利农，则农病；农不得力穑以资商，则商病;故农商之势,常若权衡然。"[1]对于"农"和"商"的关系,认识就比较正确了。

著名经济学家傅衣凌在《商业、贸易与市镇》[2]中就说:

> 我于研究明清时代的商业资本时,曾发现一般内地的山区,也产生有不少的大小商人,这一个现象为什么会出现于明代呢?这是极为易明的道理,即当明代中叶以后中国封建经济的维持,已不是纯靠于农业上的收入,其在当时人民经济生活的计算中,田息、山息、懋迁货殖各占有一定的分量,于是商业成为人民经济生活不可缺少的部分。所以各地经济的往来,商路的开辟,即在山岭蟠结、交通不便的山国里,亦视为要政之一,以其足佐耕桑之半。拿明代闽浙赣三省毗邻地区的丘陵地带来说,这一个广大地区,省际之间的物资流通与经济往来,是很密切的。因而明代江西的赣东南山区、福建的闽西北山区、浙江的衢州府属,都出现有一定数量的商人。这班内地商人在从事贩卖本地方的土特产中,逐渐获得商业上的经验,于是再跟随当时社会经济的发展,进而插足于全国规模的活动。

明代中叶以来,江南经济大有发展,苏杭一带成为全国繁华之首,汇聚了全国各地的客商,这一切又带动了市镇经济的发展。"江南地区市镇的发展,始自宋元时代,当时号称村市、草市、墟、会、市、镇等等。一般言之,这一种市场,范围小,流动性大,商品交换均为短距离的农产品及一部分副业产品。……到了明代初年,由于社会生产力的进步,全国各地市镇普遍兴起,从临时的、定期

---

[1]《张文忠公全集》文选卷八《赠水部周汉浦榷竣还朝序》。
[2] 傅衣凌:《明清社会经济史论文集》,第178页。

的集市发展为较大规模的工商业市镇。"〔1〕当然,历史上的衢州府也如此。

据《宋会要·食货》记载,北宋熙宁十年(1077年),今浙江地区11个州设置税务的集镇和草市共35处,而衢州府境内这一年共收税1 543.84贯,其中白革湖镇(即后来的湖镇)469.276贯,礼宾镇(即后来的礼贤镇)785.276贯,安仁场73.666贯,可见当时这些草市集镇也具有一定实力。到了"明清时期,衢州所属各县城和主要集镇均有商市。开市那天,除了当地有固定营业场所的经销商(坐贾)外,还有外地商贩及周边农民来赶集。据明嘉靖《衢州府志》载,当时衢州府共有街市37处,凡交通要道及水运码头都是商旅聚集之区。万历年间,江山县城和清湖、坛石、峡口、凤林设有定期的圩日,一些集镇还有一年一度或数度的庙会集市。清代衢州各县共有市、镇38处,较为著名的有西安县的樟树潭、高家、杜泽、大洲、上方,江山县的贺村、峡口、清湖、凤林,龙游县的灵山、湖镇、溪口,常山县的球川、白石、芳村,开化县的华埠、马金等。清代,江山清湖镇上有钱庄10余家之多,有船300余艘,竹筏100余号,轿行3家,轿子33杠。"〔2〕这些市镇的兴起,为本地商人的初期经营活动,提供了条件。

第一节 土特产带来的第一桶金

清康熙《衢州府志》卷二十三《贡榷考·物产》,记载衢州物产甚详。

谷 类

稻,曰粳(饭不黏,食米也)。

稌,曰糯(饭黏,酒米也)。

---

〔1〕傅衣凌:《明清社会经济史论文集》,第231页

〔2〕徐宇宁主编:《衢州简史》,浙江人民出版社2008年,第204页。

粳，有白禾、红禾、龙泉禾、建阳早、天公早、江西早、六十日禾（俱六月熟），金裹银、太平早（七八月熟）。

晚稻（十月收）。（以上俱谓之尖米。本地无所谓团米者。）

糯，有白壳糯、红壳糯、重阳糯、湖州糯、处州糯、麻子糯、草鞋糯、胭脂糯、铁浆糯、白芒糯、乌嘴糯（俱同晚稻收）。

麻，有黑白二种，膏可压油，故曰脂麻。

豆，即菽。六月收，为黄豆。九月收，为青豆。又有白豆、紫豆、菉（绿）豆（可为粉作羹）、赤豆、黑豆、茶豆、扁豆、佛豆（种成即犁去，并其茎壅水潴之，以肥田）、豇豆（荚小而长）、刀豆（长尺许，一名葛豆）、鸡肾、虎斑、羊眼、虎爪诸豆。又有蚕豆（即北方莞豆）、田塍豆之属。

麦，种分大小。大麦粒饭，小麦面饭。又有荞麦，可作饼。

黍，有赤、白二种。树高粒长，与稷相似，而粒稍短，干叶可代薪。土人不食，或淘浸磨洒为馃饵，即北人所谓薯黍也。

粟，亦有粳、糯二种。又有淮粟、卢粟，皆可食。亦可作酒。

蔬　类

菜，有白菜、青菜、芥菜、油菜、辣菜、蒿菜、菘菜、甜菜、苦菜、波（菠）菜、芹菜（一名水英）、冬菜。莱菔（一名萝卜，又名蔓青。小而赤者，曰湖萝卜）、苋（有红、白、紫三色。红者，名马齿苋）、芋（一名蹲鸱，一名土芝。水、旱二种）、薯蓣（味类芋。紫色小而白者，曰山药）、苦蕒（即苣也）、莙荙、莴苣、芫荽、葱、蒜（有大、小二种）、韭（一呼草钟乳）、薤。瓜，有黄瓜（本名胡瓜）、冬瓜、菜瓜、金瓜、系瓜、稍瓜、甜瓜、南瓜、北瓜、兔头瓜。瓠（大腹细颈者，刳其瓤为葫芦。其长身者，曰芋瓠）、笋（冬笋、猫头笋、湖山小笋为佳）、姜（隔年者，曰母姜。八月取者，曰瘟姜，不可食）、茄（一名落苏）、薇（一名苦益，野生）、葛（根可作粉）、蒟蒻（俗名鬼芋）、荬、葫萝、莳萝（根不可食）。

果 类

橘,有朱橘,有绿橘,有狮橘,有豆橘,有漆碟红,有金扁,有抚州。(明时,惟西安县西航埠二十里栽之。今遍地皆栽。)柑(又名密罗)、柚、橙、香橡、甘蔗(有紫、白二种。《西安县志》:紫者,产出龙游;白者,种自闽中,可碾汁炼糖,但不知以糖为霜耳)、桃、李、梅、枣、柿(有红、有绿。小者,曰牛乳柿)、栗、梨、林檎(一名花红)、杨梅、枇杷(一名卢橘)、金橘、银杏、石榴(一名天浆,白者味酸)、葡萄、核桃、胡桃、羊(杨)桃、山查(楂)、榧子、樱桃、橡子、苦珠、甜珠、皆珠、西瓜、芡(俗呼鸡头)、藕、菱、角(一名菱芰)、莲蓬、落花生(种自闽中,堆沙植之,花落沙上,结实如蚕)、无花果(不花而实,即奈子是也)、猫栗、针栗。

药 类

紫苏、半夏、陈皮、香附子(即莎根)、桑白皮、苦参、薄荷、牵牛、香薷、苍耳子、艾叶、枸杞(一名夜交藤。其根为地骨皮)、石菖蒲、茯苓、山查(楂)、栀子、前胡、何首乌(旧志:龟山者佳,概言山之似龟者耳。今专指府治龟峰,非也)、女贞实(即冬青子)、天门冬(一名颠棘)、天南星(俗名蛇杖)、山药、枳壳(橘之未成者)、枳实(亦橘之未成者,春夏取之)、黄卷(即豆芽)、青皮、茴香、荆芥、贝母、柴胡、芍药(赤、白二种)、小木通、五加皮、稀莶、乌药、常山、麦门冬、车前子、地骨皮、伍倍子、百合、郁李、益母草(一名茺茑)、金银花(即忍冬)、穿山甲、金罂子(俗称棠棣)、黄精、菟丝子(一名女萝。其根为茯苓)、茱萸(一名上椒)、马兜铃、苍术、瓜蒌、土桔梗、茵陈、黄茅根、青箱子(即白鸡冠子)、蝉蜕、鹿角、虎骨、槐角、金星草、红花、骨碎补(即猴姜)、大蓟、小蓟、草麻子、马鞭草、马蹄香、乾葛、急性子、山茨菇(慈菇)、土芎、土黄莲、木瓜、夏枯草、淡竹叶、八角盘、紫何车(一名金丝重楼,又名七叶一枝花)、龙脑叶(与薄荷性不同,借用者,误)。

花　类

牡丹(惟紫与粉红二色。粉红色名玉楼春)、芍药(一名将离,惟红粉一色)、兰(正月雪中开)、蕙(一名九节兰,俗名夏兰)、木樨(红、黄、白三种)、荷(红、白、锦边三种)、台莲(边似莲,中如牡丹,不结实)、杏、水仙(有千层、单瓣二种。千层者名玉玲珑)、梅(有红梅、绿萼梅、映水梅、玉蝶梅)、桃(有绛桃、碧桃、绯桃)、腊梅(有磬口、荷花、九英数种。磬口者贵)、蔷薇、瑞香、海棠(有西府、铁梗、垂丝数种)、秋海棠(草本,八月放)、石榴、于叶榴(不实)、茶蘼、李葵(红、白、黑三色)、蜀葵(蜜色)、锦葵、向日葵(黄色)、茉莉、凤仙、紫薇、凌霄、山礬、茶、郁李、御李、洛阳、石竹、栀子、菡萏、剪春罗、玉兰、木笔(一名辛夷,又名紫玉兰)、白玉簪、园茶、山茶、石茶、金雀、芙蓉、夜合、百合、金凤、罂粟、木槿、萱(一名忘忧,一名宜男,俗呼为鹿葱)、山丹、紫荆、鸡冠、菊(号青菊者贵)、胜春(一名月桂)、月月红、茶梅、芭蕉、桐花、素馨、石岩、金蝴蝶、珍珠兰、凤尾、木香、绣球、棣棠、夹竹桃、合香、番蕉、山鹃、映山红(有红、紫、黄三色。花单瓣,黄者,名羊踯躅)、宝相。

竹　类

慈竹、紫竹、苦竹、班(斑)竹、筋竹、水竹、金竹、箬竹、石竹、雷竹、筀竹、方竹、天竹、棕竹、猫竹、实竹、凤尾竹、合朵竹、黄鹭竹、黄莺竹、孝顺竹、江南竹、公孙竹。

草　类

芝、茅、灯草、萍、蒜、藻、蓼、蕰(可饲鱼者曰木蕰,粗者曰竹叶,蕰有刺者曰鸭掌蕰)、苔、紫草、接骨草、断肠草(《博物志》:入阴之草,曰勾吻,即此是也。中其毒者,以人粪解之)、马鞭草、三白草、金精草。

龙游竹林

木　类

松、柏、杉、桑、樟、枫、槐（有数种。叶大而黑者名让槐，昼合夜开者名守宫，槐叶细而青绿者，俗谓之木槐是也）、桐、橡、榆、柳、檀、楮（实有苦、甜二种）、椿、柘、梓、桂、柽（一名桦）、槠、桧、柜、乌桕、榔（金丝榔佳）、槎、榛、杨、栲、株、栎、梨、栗、冬青（一名腊树，又名万年枝。实名女贞子）、水杨、黄杨、棕榈、皂荚、石楠、罗汉松、山水竹。

鸟　类

雉、凫（野鸭）、鸪、鹘（即隼也，小于鹰）、鹳、䴗（一名伯劳）、鹰、鸱（似鹰）、燕、鸠、鹎、鸦（即乌也。一名鸒）、鹊、鸢、鸥、雀、鹑、鹤、鹞（鹰属）、鹪鹩（一名鹏，又名训狐）、山鸡、鸳、鹅（野鹅）、翡翠、鹭鸶、鸬鹚、鹁鸪（比班鸠差小，声若曰布谷。又谓勃姑，又谓步姑）、班（斑）鸠、啄木、练雀（红、白二种)、杜鹃(一名子规,又名射豹)、鸳鸯、腊嘴、鹈鸪、画眉、白鹇、黄头、竹鸡、鹈鹕(一名淘河)、青翠、百舌(一名反舍)、鸽、鸲鹆(俗称八哥)、鹧鸪、鸧鹒(即黄鹂)、山鹊、相思鸟、白头公。

兽　类

鹿、獐、麖、麂、虎、豹、狐、狸、兔、獭、獾、熊(有人熊、猪熊、大熊)、猿猴、豹、松鼠(一名鼠狼)、竹鼮(即竹豚)、野猪、豪猪、虎猪、山羊、山牛、水牛、花节、香狸、田猪、九节狸、玉面狸。

鱼　类

鲫、鲤、鲭、鲇、鳙、鲙、白鲢、鳅、鳝、鳗、鳜、鳊、白鱼、鲦鲢、乌鳢、鲅鱽、鲴、石鳞(即石轮,形似蛙而大,生山岩间,可疗疳疾)、鲲鱼、石斑、沙鱼。

甲　类

龟、鳖、虾、螺、蚌(一名蠙)、蛤蜊、穿山甲、蟹、蛟鲤。

虫　类

蚕、蜂(凡数种。酿蜜者曰蜜蜂,余有黄蜂、黑蜂,最大者曰葫芦蜂)、蜗牛、蝙蝠(其粪曰夜明沙,可为药)、蚓、蛇(数种。乌梢蛇可酿酒已风,最毒者名五步蛇。水有两头蛇)、蜈蚣、蜥蜴、蝇、蚊、莎鸡、蝼蛄、蝶、蝉、螳螂、羌螂、萤(《诗》谓之熠耀)、蚍蜉、螳蛸、蜘蛛、虾蟆(一名蝈。青者曰青蛙,又名水鸡。大者曰蟾蜍。小者曰蚪斗)、果蠃、蟋蟀(一名促织)、班猫、蛭(俗呼马蟥)、蚁蟓。

畜　类

马、骡、驴、牛、羊、猪、狗、鸡、鸭、鹅、猫。

货　类

　　茶、蜜、漆、靛、腊(有黄、白二种)、砚、纸(有藤纸、棉纸、竹纸三种)、墨、棕、丝、绢、绵、绸、纱、麻、苎、炭、煤、席、锁、柏烛、柏油、桐油、香油、麻油、菜油、木棉、竹扇、土硃、香蕈、麻布、柿漆、石灰、松香、肥皂、纸帐、锦川石、龙须席、漆木器皿、白硝麂皮。

　　明天启《衢州府志》卷八《国计志·物产》所载与清康熙《衢州府志》所载相差不多，但在其《物产》之无题小序中说："矿洞多金，绝胜昆山之玉；球川造纸，不数薛涛之笺；杉木可作栋梁，如擎石柱；柏子堪为烛照，似缀桑珠。"即强调金属矿、球川纸、杉木、柏子四种，为物产中之重要者也。

　　而府属各县的记载中，也有一些物产为府志所未载或载之未详者，兹择要补充如下：

纸张

　　民国《衢县志》卷六《食货志下·制造品》："竹纸有花笺、南屏二种。陈《志》云：'以草杂竹丝为之，色黄，粗糙，止(只)供丧事楮币及包囊之用，不中用也。出南、北山，上方，上轮源诸处。'今衢地所造之纸，纯系竹料，每年不下三十万金，为出品第一大宗。而草纸用以包裹者，不在此列。"该志还转引《通典》，有"衢贡绵百屯，纸六千张"的记载。民国《龙游县志》卷六《食货考·物产》："出产最多者为纸。纸有黄笺、白笺、南屏三种。南屏复有焙、晒两种，焙屏最多。"并说："每担纸价如不及三元，则业此者绌矣。若其销路，清初以前有闽汀帮，销流江苏一带。至清中叶，改由宁波、绍兴销售，今称宁帮者是也。"清同治《江山县志》卷三《食货志·物产》："纸出二十八都梅林、三卿口诸处。有藤纸、棉纸、竹纸三种。"清光绪《常山县志》卷二十八《物产》："纸，大小厚薄，名色甚众。惟球川人善为之，工经七十二道。榜纸，出衢州常山。柬纸，印书柬纸，永丰为上，常山次之。"清光绪《开化县志》卷二《疆域志下·地产》："藤

纸槽腌料塘

纸槽水碓

纸，开化出者良，载《省志》。"可见五县均有出产，档次以常山球川所出为高，经济份额以西安、龙游所占最大。道理很简单：因为衢州多山，多山则多竹，竹浆造纸也就发达了。民国《龙游县志》还载有竹浆纸的制造方法，附载于下：

制纸第一步，先养嫩竹，于小满至芒种间伐之。去其首尾，截为筒，长约六尺。复破为片，阔约二寸。于是，约为一束，束约百四五十斤，是名破竹丝，亦曰砍竹麻。竹丝既破，乃事腌料。腌用石灰，每竹丝百担约须石灰千二百斤云。腌以池，池形长方，深约七八尺，以三和土成之，名曰扦湖塘。池底有小孔，所以出水者，名曰塘岩。池之大小不一，其大者能腌二百担，小亦可腌四十担。腌之法，先塞塘岩，平铺竹丝一层，敷以干石灰。复铺竹丝一层，以水和石灰泼之，使四布，乃引净水浸之，使两层竹丝均得沾润。然后铺第三层、第四层，亦有至五层者。其用石灰法如第二层。至竹丝既满池，乃破老竹，裁如池之修广，纵横架其上，以大石严压之，引水满其池浸之。复以干石灰敷其面，使渐沉下，是为腌料初步。阅四十余日，乃以大竹竿或巨木挠之,使浮动。越四五日,复挠之。更阅一月,乃起竹丝洗净置池边,放去池水,更截杉木如池之修广,纵置池底,每隔三尺置之,以对剖巨竹横置之,每隔一尺置之。然后置竹丝于其上,其最上一层,必以竹青向上,以稻草覆之,仍如前法,纵横架巨竹,压以大石。再塞塘岩,引水浸之。越宿,放去池水,名曰退灰水。阅旬日,再浸之。隔三宿,又放去,名曰退黄水。更越一旬,又浸之。隔五宿,放去,名曰拖水。更阅一旬,又浸之。约阅四五十日,竹丝腐烂。于是,腌料始告竣,而从事于剥料,亦曰披料。剥料者,分剥竹青、竹黄之谓。竹青,谓之料皮。竹黄,谓之料肉。制笺纸不用皮,制屏纸则皮肉并用之。更进为打料,亦曰春料。打料者,先晒燥料皮,捣以白,使成细末。料肉,则以榨榨干其所含水分。制屏纸,则料皮末四成、料肉六成,置白中捣成泥,合盛槽桶,调以水,谓之打槽云。打槽既毕,乃始造纸,土人则云捞纸。造纸之工,曰帘手。先置纸帘于帘床,两手持而兜之,则料屑自敷于其上,随向前荡之,俟水泄去,持帘向下水板上覆之,纸即脱帘而黏于板为一张。其第二张以后,即覆于其上。层累至三尺余,乃上旱榨榨干之。一帘,分为两纸。于是,焙之干,谓之焙纸,亦谓之晒纸。焙有焙笼,以砖或竹为之,初分叠数,叠约五六张。焙干后,分张数,剔去破纸,复齐之成叠。每叠九十张,谓之一刀。四十余刀为一块,两块为一担。至是,造纸乃完成。

竹山出产的冬笋,也是十分畅销的地方特产。为了留笋养竹,维护纸业生产,地方上多有禁掘冬笋之举。民国《龙游县志》卷三十二《掌故》载有清光绪二十三年(1897年)《知县张炤勒石禁止掘笋告示》,节录如下:

  缘南乡地方山多田少,民间全赖山竹造纸藉为生计。况系有山之户,无不欲蓄笋养竹以作纸料,且各山出笋每间一年始得旺发,名曰大班。各山主保护维殷，断不肯自行残掘。其有借自掘自山为名，纠人挖掘设行收买者，皆系奸贪牙户造言蛊惑，图掘他人山笋以为牟利之计。是以历经各前县严禁窝收，并将蒙请牙帖，图开笋行之奸牙押歇讯究，以为保全该乡自然之利。光绪二十二年系出笋大班年份，更宜认真严禁，除将专收盗掘赃笋牙行查究明确，一律押歇治罪外，于二十二年十一月间，查叙前情，请将该山冬笋无论己山、他山，一律禁止掘卖。如有游民强掘，立拿究办；牙贩私收出运，分别押歇究惩。所有从前自掘自山一切案据，悉行注销，以杜藉口。并请立案，暨由县给示勒石该乡，以垂久远。具文通详在案。兹奉前因，合行给示，勒石永禁。为此示仰合邑土、客诸民，牙行客商人等知悉：尔等须知，南乡各山冬笋，节经本县示禁挖掘，并通详各大宪批准立案，勒石永禁。自示之后务各遵照，免干法纪。倘有玩法之徒故违禁令，或乘夜偷挖，或恃众强掘，一经山主指告，或被登时获送，定即严拿重办。牙行商客窝收贩运一体治罪，追帖押歇，赃笋充公，决不宽贷。其各凛遵，毋贻后悔。切切，特示。

反复晓示，严行禁止，对造纸业的高度重视不言而喻。

银矿、铜矿

《文献通考·坑冶》："唐凡金、银、铁、锡之冶一百八十六，衢州有银冶。"又说："宋兴，产银五十一场，衢州之南山、北山金水。"《清一统志》："爵豆山，在西安县南七十五里，旧有银矿，唐元和中闭塞，五代钱氏时复开仍闭。"又说："铜山，在西安县西北百里。宋时，山出铜、锡、铅，明产矿。嘉靖三十九年，徽、处二郡民群聚来取，因为寇盗，官兵荡平之，遂设兵戍守。"清光绪《常山县志》卷二十八《物产》："铜矿出桐山矿坑，盖跨西、遂、德、常四县之境。先年，开矿者，矿百斤煎银三十两。脉且尽矣。"光绪《开化县志》卷二《疆域志下·山川》："矿山，县北六十里。明嘉靖四十五年，钦差总督军门出示严禁开采,勒碑八都富川等庄。万历二十六年,矿税事起,有谓六都大尖坞、八都乌哨坞及四都三处矿洞可开者。时采矿曹内监委官马忠,挟诸商至县,起工两月,采矿砂四千斤,约百斤烹得银一两,不偿所费。于时,邑侯刘防范周详,奸徒敛戢。及内监亲临,侯不激不随,调停上下。然矿利既目击其乌有,又不肯空返,侯不得已,议将云雾山官木召拚,得四百金抵充矿价。内监既去,矿洞仍封。"可见衢州的采矿史起始甚早,利薮所在,素来多事。其中《开化县志》所载,更说明当时的知县为了应付采矿太监的勒索,不得已将出售木材的钱"抵充矿价",再次证明万历年间,宫中太监横行天下,榨取民脂民膏的事实,尤具史料价值。

木材

民国《龙游县志》卷六《食货考·物产》:"木之属不能悉数,其较多者为松、为柏、为樟、为枫、为杉。多裁为板,贩运下游。"又说:"他若茶叶、桐子、杉木、松、柴、白炭、竹笋,皆足以应一县而有余。"明崇祯《开化县志》卷三《赋役志·物产》:"开田少土瘠,不足一邑之食,惟栽杉为生,姜、漆次之,炭又次之。合姜、漆、炭当杉利五之一,而惟正之供与养生送死之需尽在其中。曾闻诸故老,杉利盛时岁近十万,以故户鲜逋课,莅开者颇称易治。数十年来,杉利大损,缘徽商之拚本微,吴下之行货滞,既瓶罄而罍耻,斯襟捉而肘见。"该志对木业衰微的原因还作有具体说明:"迩来刁民残害,木植难留。未满廿载即行召拚,拚后亦多不复栽植,不惟富者日贫,即乡民亦无栽插、拨搧、撑放工食,度日愈艰,输将愈缺。"崇祯《开化县志》的记载,是宝贵的经济史资料。从"户鲜逋课"也就是少有拖欠税款,而变成"度日愈艰,输将愈缺"的根本原因,则是由于"木植难留"。

柑橘

清嘉庆《西安县志》:"又有入贡之役,率先期赉价,就园户摘其佳者,以充奉供。于是朱橘盛行京师,岁以为常。"民国《衢县志》卷六《食货志下·天产品》载有多种："橘，杨《志》有朱橘、绿橘、狮橘、豆橘、漆碟红、金扁、抚州诸名色。明，惟航埠二十里载之。近遭冻折，已减少。橙，形似橘而皮黄。陈《志》云：'皮香脆，穰酸，不可食。'按：今有以橙接橘者，颇甘美，即姚《志》之黄香橘也。柑，本广种，名广柑，亦名广橙。陈志云：'又名蜜罗柑，香美，皮、穰皆可食。'香橼，亦作香圆。陈《志》云：'香橼黄润有香，可资清供，其味稍劣。'柚，陈《志》云：'柚亦柑类，疑即枹也。'实大而如泡，《五杂俎》字作抛。姚《志》谓：'文旦一种，大者尺许，色香俱可玩，当是寿星抛。'金橘，茎、叶皆似橘，结实大如指头，鲜黄可爱。一名金柑圆者，或称金弹，长者又谓金枣。"清同治《江山县志》卷三《食货志四·物产》："橘，有数种：朱橘、抛头橘、抚州橘、甘橘。又有茶橘，实小而味香。橙、柚。"清光绪《常山县志》卷二十一《风俗总序·四民》："近则莲、橘二物丰盛，装载出境，亦沾余利。"清光绪《开化县志》卷二《疆域志下·地产》："橘，有朱橘、绿橘、狮橘、豆橘、漆碟红、金扁。品虽甚多，然种于园圃者，不及西安之橘林矣。橙，香过于橘，可以烹茶。香橼，有大、小二种。"

　　柑橘是衢州的主要特产，旧志中罗列式的记载难免枯燥，史料性也欠强。为此，特补充几则古人的诗文，以丰富形象及相关史实。

航埠橘林（原载1994年版《衢州市志》）

其水（即瀫水）分纳众流，混波东逝。径定阳县，夹岸缘溪，悉生支竹，及芳枳、木连，杂以霜菊、金橙。白沙细石，状如凝雪，石溜湍波，浮响无辍。（北魏郦道元《水经注》卷四十）

未到衢州五里时，果林一望蔽江湄。黄柑绿橘深红柿，树树无风缀脱枝。（南宋杨万里《衢州近城果园》）

衢州橘林，傍河十数里不绝。树下芟薙如抹，花香橘黄，每岁两度堪赏。舟楫过者乐之，如过丹阳樱桃林。（明王士性《广志绎》卷四《江南诸省》）

杭州省会，百货所聚，其余各郡邑所出，则湖之丝，嘉之绢，绍之茶之酒，宁之海错，处之磁，严之漆，衢之橘，温之漆器，金之酒，皆以地得名。惟吾台少所出，然近海，海物尚多错聚，乃不能以一最佳者擅名。（明王士性《广志绎》卷四《江南诸省》）

昧爽，连上二滩，援师既撤，货舟涌下，而沙港涩隘，上下掗挤，前苦舟少，兹苦舟多，行路之难如此。十里，过樟树潭，至鸡鸣山，轻帆溯流，十五里至衢州，将及午矣。过浮桥，又南三里，遂西入常山溪口，风正帆悬。又二里，过花椒山，两岸橘绿枫丹，令人应接不暇。又十里，转而北行，又五里，为黄埠街。橘奴千树，筐筐满家，市橘之舟，鳞次河下。余甫登买橘舟，贪风利，复挂帆而西。五里，日没，乘月十里，泊于沟溪滩之上（其西即为常山界）。（明徐弘祖《徐霞客游记》卷二上《浙游日记》）

近衢州航埠，沿溪三十里，夹岸树橘，花朝香雪弥空，果熟金星缀碧。种有巨细，色有红赭，约二十余种，惟绿橘最美。（明卢之颐《本草乘雅半偈》）

江阜有篁步（即航埠），地似果园坊。渐远鱼虾市，真成橘柚乡。株株当属绿，棵棵入秋黄。输与村夫子，经冬自在尝。（清朱彝尊《篁步》）

木奴一夜新着霜，屋角金丸颗颗香。摘取头红不肯食，唤船装载下苏

杭。(清陈圣洛《衢州竹枝词》)

橘之出衢州西安者上。味甘如蜜，而韵不纯，肤泽甜液，满蒂有凸如花，触于易解，此品之上也。次，其肤不泽，廓不圆稳，而味特甜。(明张大复《梅花草堂集》)

衢州民皆树橘，沿村累累，丹黄可爱。……采橘者置高凳，列箸笼，什什伍伍，命俦呼侣，殊似吾乡采桑时风景。(清郭麟《江行日记》)

酒

民国《衢县志》卷六《食货志下·制造品》："古以石室酒为有名，今不知酿法。"并引宋枢院编修周紫芝《风流泉铭序》说："石室酒出三衢，名倾浙右。余得其法于衢人，以授富水兵厨使酿之。即成，以酌客，无不喜者，以为深醇雅健自是一种风流，因名以风流泉，而为之铭。"又引用陆游《偶得石室酒，独饮醉卧，觉而有作》诗为证："初寒思小饮，名酒忽堕前。素罂手自倾，色若秋涧泉。浩歌复自舞，与影俱翩仙。一笑遗宇宙，未觉异少年。时人不闻道，苦叹岁月迁。岂知汝南市，自有壶中天。河洛久未复，铜驼棘森然。秋风归去来，虚老玉井莲。"另外，在范成大所作《次韵徐廷献机宜送自酿石室酒三首》诗中，有"清绝仍香如橘露，甘余小苦似松肪"和"一语为君评石室，三杯便可博凉州"之句。在南宋周密所著《武林旧事·诸色酒名》中，还有关于衢州所产"龟峰酒"和"思政堂"两种名酒的记载。当时这两种酒都是临安城内的畅销酒。

由于衢州酒的产量大，因此专门设有"酒务"作为专卖管理机构，配备专门"监衢州酒"的官员。据赵珣《熙宁酒课》记载，北宋熙宁年间衢州设有酒务四处，每年征收酒税五万贯以上，成为朝廷重要的酒税来源地之一。清康熙《衢州府志》卷二十三《贡榷考第三》也有"宋，酒课岁五万贯以上，置四务"的记载。

竹书箱

民国《衢县志》卷六《食货志下·制造品》:"竹书箱。唐刘禹锡、权德舆并有《衢州徐员外使君遗缟纻及竹书箱》诗。又宋庠《送从兄秘校咸赴衢州都椽》诗有'汗竹书藤密'句,知唐宋时,衢固有此种竹书箱著名也。今衢亦未见有特别精良之竹器,而书箱亦无有以竹为之者。"见到这段记载,不由地产生了兴趣,想了解竹书箱的具体情况。郑永禧先生纂辑的《衢县志》,以注重细节、资料翔实见长,但关于竹书箱的记载却未免简略。于是去查原诗,想从古人诗句中获得一些线索。刘禹锡的诗一时查不到,权德舆的诗题为《衢州徐员外使君遗以缟纻兼竹书箱,因成一篇》,与《衢县志》所载略有不同,此诗在有的地方又写成《答衢州徐使君》,全诗如下:

> 烂柯山下旧仙郎,列宿来添婺女光。
>
> 远放歌声分白纻,知传家学与青箱。
>
> 水朝沧海何时去,兰在幽林亦自芳。
>
> 闻说天台有遗爱,人将琪树比甘棠。

宋庠的诗《衢县志》卷三十《诗文外编下》有载:"倦客睢园远,迎家越绝长。聊甘督罚椽,羞比入赀郎。汗竹书藤密,炊菰冥具香。兰台英藻盛,方信乃宗长。"有用的也只是"汗竹书藤密"一句。又经一番搜寻,在明天启《衢州府志》卷十六《政事志》中,发现题为《制器》一文,节录于下:

> 古称鲁壶方鼎,密须之鼓,阙巩之甲,甲父之鼎,诸如此类,为迩时好骨董者作之俑乎?而吾独怪夫居宦者之制器,与居家者争先也。盖官造一器,百工群而集矣。试作卷箱,则丝其篾而织之,应用竹工衬其里,而板之应用木工联其缝,而钉之应用铁工鉴其环,而莹之应用铜工油其粉,而

朱之应用漆工铺其窍，而褥之应用棕工。诸工才集，料作先取之铺行，而所集之工在城市者为首，环四乡之工匠以银帮贴焉，不帮贴则禀官差役拘之。若累囚而大妨其各为主家之役，暨器成而既廪，不以时给也。官虽不忍亏损此穷工，而左右之人肉之几上矣。夫子论为国有九经，"来百工"亦居其中。今公家欲置一器，而令百工抱头而鼠窜，其谓之何？且吾尝闻之，水磨椅桌，金漆藤床，斗柏楠之行箱，花进木之文具，捃载而归。归而可以耀闾里，不知其亏民而敛怨也。然则器可无用乎，市有见成之器。平价而市之，斯庶乎其可矣。

本文的主旨是告诫守衢州的地方官，不要为了满足个人私欲而利用职权调集工匠为其"制器"，以避免因"左右之人肉之"而使"百工抱头而鼠窜"。同时也建议大家，如果欢喜，那还是"平价而市之"，也就是去市场购买为好。其中"试作卷箱，则丝其篾而织之"云云，则说明"卷箱"是以竹篾丝编织成衬里，以木板为面，装有铁制的环扣，并髹以朱漆和桐油，箱中还垫有以棕编织成的垫褥。"卷箱"其实就是竹书箱，可见其制作的精细和考究。在明天启《衢州府志》的《政事志》中郑重其事地把这事论述一番，则说明问题的严重程度，这又证明竹书箱在历史上是广受欢迎的，也是多有制作的。在中国历史上，由于官方对某些物品的需索，而给百姓带来灾难的事例其实是很常见的，如广东肇庆的端砚、宋代的花石纲等，莫不如此。这也应该是竹书箱之类器物的制作未能流传下来的主要原因。

以上罗列难免琐碎，也不完整，像茶叶、花石、西砚、墨等，这些衢州物产也是值得说道说道的。可见由于自然环境的适宜、历史的悠久和文化积淀的深厚，衢州的地方物产是很丰富的。丰厚的土特产，也就为本地的商业起步奠定了基础。因为从商业史的发展规律来说，商人的起家阶段，往往是从推销本地出产开始的，正是这些逐步商品化的土特产，为本地商人的经营提供了他们所

西砚（原载1994年版《衢州市志》）

需的"第一桶金"，使其逐步完成资本的原始积累。

在这里需要着重指出的是，进了明朝以后，市镇经济的活跃和繁荣，对本地商业的发展，作用特别重大。作为基本的商业形态，除常见的行商和坐贾的经营方式以外，在衢州府范围来说，更为重要的还是介于行商和坐贾之间的称为"赶会"的经营方式。这是一种从原始的"互市"方式发展起来的经营手段，有一定的流动性、临时性，但又离不开摆摊设点式的营销手段，当然，也有的逐步固定化，形成一些各具特色的专业性市场。由于其经营手段的灵活，特别适合推销一地特有的农副产品，也特别适合那些刚起步的商人，从这类"短、平、快"的商业活动中积累资金，熟悉业务，广交人脉。这些市镇商业从最初的草市、墟市、会市起步，最终成为有相当辐射范围的区域性市场，并拥有自成特色的商品，成为商人们的重要经营基地和据点。

如江山的贺村市，由于地处闽、浙、赣三省交界处，从而形成辐射三省的区域性市场。又因为历史上江西一带养牛业发达，贺村就成为江西牛贩子和牙郎集中之地，从而成为有名的牛墟，也就是耕牛的专业市场，而且是一级市场。从贺村往东，一路下来尚有不少源于贺村的二级、三级耕牛市场。又如西安的樟树潭市，因位于衢江和乌溪江的交汇处，上游出产的木材顺流而下，在此汇聚，这里就成为著名的木材专业市场，兴旺时仅经营木材的木行，就有20多家。由于木材生意并不受时间限制，因此一年到头，一天到晚，这里都在进行繁忙的木材交易。又如龙游的张家埠市，这里地处沙洲滩地，出产一种碗口大小的西瓜，这种西瓜口味清淡，但瓜籽特别多，称为"瓜籽瓜"。每年农历六月十四，张家埠的皇宫殿有庙会，祀冯毅，人称"冯廿九相会"。正逢瓜籽瓜上市，加上天气炎热，因此到处都摆满瓜籽瓜，供人们任意食用，不必付钱，条件就是要把瓜籽奉还。正因如此，吃西瓜成为庙会的主要节目，人们也就把六月十四的庙会市场称之为"西瓜市"。

当然，到了明代中期，随着市镇经济的繁荣和商业交换的发展，各种集市和会场呈现日益活跃的局面，像以农历"一、三、五"或"二、四、六"为期举行的，以各种蔬菜为主的草市；以稻米、水果、建材、陶瓷、仔猪等各种专业性商品为主，带动形成的各种长期性经营的专业市场；以某个纪念日而形成庙会，从而形成"会市"的物资交流会等，各地都有，而且场面热闹，市面繁荣。

第二节　龙游商帮的重要经营行业

龙游商帮的经营行业，以纸商、珠宝商、书商、木材商等最为典型。

纸商

细分之下，纸商又可分为专门从事造纸的槽主；开办纸行从事纸张经销；开办纸店从事批发零售；专门从事大批量收购，然后长途贩销获取厚利的，等等。此外还有服务于纸商，开办纸栈，供其临时堆放纸货，收取一定的堆放、保管费用的。当然，更多的纸商是从生产到经销"一条龙"独自完成的，这类商人资金雄厚,经营规模大,利润当然也大。

纸张是衢州府最主要的大宗出产品,均利用本地山区的毛竹、藤料等制成。清雍正《浙江通志》卷一〇六《物产》记载常山所产纸张:"大小厚薄名色甚众,曰日历纸、赃罚纸、科举纸、册纸、三色纸、大纱窗、大白榜、大中夹、白榜、白中夹、大开化、小开化、白绵、连三结实、连三白、连七白绵、连四结实、连四、竹连、七竹奏本、白楮皮、小绵纸、毛边、中夹白、呈文、青奏本。又间一用之,曰玉版纸,帘大料细,尤难抄造。他若客商所用,各随贩卖处所宜,名色不可枚举。凡江南、河南等处赃罚及湖广、福建大派官纸,俱来本县买纳。"品种之多,销量之广,于此可见一斑。

又如龙游南部的溪口,因位于山区,附近有纸槽几百条,又因位于灵溪和柘溪的交汇处,为水陆交通的枢纽,就成为龙游南部最大的市镇和造纸及纸张贸易中心,其"繁盛乃倍于城市"[1],并有"铜钿银子出溪口"的谚语流传至今。据陈学文先生《龙游商帮研究:近世中国著名商帮之一》一书记载,专门经营纸张的商号就有成记、坤源、同发、甡记、乾大、恒源、兴记、怡生等,专门经营纸栈的就有邱公栈、劳元记、龚宝仁、劳永吉、黄镜明、邹恒记、张悦和、蔡聚源等。步坑源只是龙游县南部山区的一个村,由于地处灵山江边,占有交通之利,而且山深林密,毛竹出产丰富,自从叶氏在此创办纸槽后,成为造纸专业村;有成吉号、徐金渭号、洪萧记号、傅万成号、叶振大号、陈大田号、陈大昌号、叶振兴号、叶泰兴号等纸号,在灵山江边还设有纸栈多处。

又据民国《龙游县志》卷十九《人物传》记载:"林巨伦,字乐庭。其先汀州人,父名佚,乾隆间来县以纸槽为业,卜居南乡墈头,遂家焉。父殁,巨伦承其业,刻意经营,积资累巨万,性好行善,尤喜筑造石桥,其大者如石虹、塘寺、马戊、石凉亭、竹溪诸桥,皆其独力建者也,所费凡八千金,又以三千金修通驷桥。

---

[1] 民国《龙游县志》卷六《食货考》。

其他善举亦乐输将,一县称善人焉,年九十余卒。"父子两代以造纸为业,就达到"积资累巨万"的资产,也可算是纸商中的代表人物了。

珠宝商

明万历五年(1577年)进士,曾任右佥都御史的临海人王士性(1547—1598年),在其所著《广志绎》一书中,对龙游的珠宝商有"龙游善贾,其所贾多明珠、翠羽、宝石、猫睛类轻软物。千金之货,只一身自赍京师,败絮、僧鞋、蒙茸、褴褛、假痈、巨疽、膏药皆宝珠所藏,人无知者。异哉,贾也"的记载,着重刻画龙游商帮中的珠宝商善于伪装,巧妙地逃过途中的检查和盗贼,将珠宝带到京城高价出售的经商手段。王士性是一位严谨的学者,其所写应当是有根据的。而且他所写的是"龙游善贾",是作为一个群体来写的,而非具体的个体。这就说明,在龙游商帮中从事珠宝行业的当非少数。因此这条史料尤显宝贵,而为傅衣凌、陈学文他们一再引用。

作为具体的珠宝商的经营行为,在龙游的一些家谱中也有记载,如在《桐冈童氏族谱》中,就多有这方面的记载:

> (童纶)公讳纶,字谷泉。幼有大志,异于群儿。以往居村落,世以农商为业,无意于功名,虽有英资美质,无名师胜友为之裁就,所学止章句而已。早岁随父之京都,抵宣府,挟宝货过关津,往来无失者盖二十余年。(卷一《德五公传》)
>
> (童缙)公讳缙,以清秀之貌,负英敏之资。幼承姑息之爱,未遇严师督责。年十八,随父往宣府贸易。……比长,代父经营,岁致千金。(卷一《德八茂才公传》)
>
> (童巨川)嘉靖初,与弟随舅氏同往都城,市珠及珍宝,宣府、大同贸易边庭……一往返旬月,获利必倍,岁得数百金。自是兄弟更相往来,垂二十余年,遂成大贾。(卷三《行传上》)

（童洋）其大同宣府也，去则精金珠玉，来则盐引茶封，动有巨万之资。皆卷束于怀袖，舟车鞍马之上，萧然若贫旅而无慢藏之诲，是以履险夷，居积致富俨若陶朱。（卷三《行传上》）

宣府是当时的军事重镇，也是一方经济中心。明万历《宣府镇志》卷二十《风俗考》说："大市中，贾店鳞比，各有名称。如云南京罗缎铺，苏杭罗段铺，潞州绸铺，泽州帕铺，临清布帛铺、绒线铺、杂货铺，各行交易铺沿长四五里许，贾皆争居之。"在如此繁华的经济活动中，龙游童氏族人自然也占有重要地位。《桐冈童氏族谱》的《德八茂才公传》中还记载，童缙后来由于染病，"故于宣府逆旅，总参以下诸将官莫不痛悼，旅榇南归，遣部属护送过居庸关"，情谊已相当深厚。至于童氏族人是否以此为据点，进一步往迤北地区开展珠宝业务，这个可能性也应该是存在的，但尚需相关记载的发现才能下结论。

和纸商不同的是，珠宝商已经完全摆脱对本地资源的依赖，经营的是一种"两头在外"的商贸活动，这是商业活动中较高层次的经营方式了。从事珠宝业需要雄厚的资金，也需要鉴赏和识别的能力及专业知识，绝不是一般的商人所能胜任，也非一般商人所敢于涉足的。

书商

南宋时期，衢州的刻书业已相当繁盛。如南宋乾道七年（1171年）知衢州的吴兴人施元之，在衢州任上就刻有《五代史》《五代会要》《新仪象法要》《苏子美集》等多种；淳祐九年（1249年）游钓知衢州时刊刻晁公武《郡斋读书志》等，咸淳九年（1273年）衢州知州赵湛刊刻《四书朱子集注》等，均为一时名椠。由于天时地利等诸多原因，书商也就成龙游商帮中的翘楚。当时的书商常常是用船载书，沿运河北上苏、常、冀、鲁、两京等地贩销。如"童珮，字子鸣，瀫水乡人。家贫，从其父为书贾，往来吴越间。父名彦清，最称儒雅，不寝然诺。珮喜读书,手一帙坐船间日夜不辍。"[1]被大家称为"震川先生"的昆山人归有光,在其所作《送童子鸣序》中,也记"越中人多往来吾吴中,以鬻书为业。异时,童子鸣从其先人游昆山,尚少也。数年前舣舟娄江,余过之,子鸣示余以其诗,已能出人。"可见童珮自小随父卖书为生,同时也很专注于读书,几年后所作诗就已超过一般人了。当然,童珮及其父亲童彦清,应该是一种流动书商。

也有专门经营书店的,民国《太仓州志》卷二十五《杂记》:"龙游余氏开书肆于娄,刊读本四书,字画无讹,远近购买。是时,吾州学究金绩泉号雪泉主其家,实校雠之。"这段文字也记载于《龙游高阶余氏家谱》。余氏书店的经营之道在于讲究刻书质量。由于专门聘请太仓学者金绩泉负责书籍的校勘,严把质量关,因而使这家由龙游老板设在江苏娄县的书店受到欢迎而"远近购买"。从这些片言只语的记载中也可知道,这家前店后坊式的书店,是有一定规模的,所销售的"读本四书"也有不少。

又如明散文家、江苏武进人唐顺之(1507—1560年),曾写有一篇题为《胡贸棺记》的文章,记叙他和一位名叫胡贸的"书佣"的交情:"书佣胡贸,龙游人。父兄故书贾,贸少乏,不能贾,而以善锥书往来诸书肆及士人家。"点明胡贸出身于龙游的书商家庭,因缺乏资金,因此专门为各书店及读书人家庭刻书(锥书)为生。接着作者还介绍了他与胡贸的交往经过以及其技艺的精湛:"盖其事甚淆且碎,非特他书佣往往束手,虽士人细心读书者,亦多不能为之。贸于文义不甚解晓,而独能为此,盖其天窍使然。"并揭示其写这篇文章的原因是由于"非贸,则予事无与成;然贸非予,则其精技亦无所用"。语气中,唐顺之与这位善于"锥书"的胡贸是很有点惺惺相惜的意味。唐顺之的这篇文章载于黄宗羲编的《明文海》中,文甚长,这里就不抄录了。

---

[1] 民国《龙游县志》卷十八《人物传》。

兹引用陈学文先生的原文,作为本部分的小结:

龙游刻书、印书、贩书在江南颇具名气,他们所刻的书质量以及销售能力,可以与杭州书商相媲美,明人胡应麟就说:"越中刻本亦希(稀),而其地适东南之会,文献之衷,三吴七越典籍萃焉。诸贾多武林、龙丘巧于垄断,每眴故家有储蓄而子姓不才者以求钩致,或就其家猎取之。"(明胡应麟《少室山房笔丛》卷四)明代除杭州外,全省有11家著名刻书坊,嘉兴、宁波、台州各一家,而衢州就有七家,加上龙游童珮一家,不论在数量还是在质量上,衢府和龙游均居重要地位。童珮书坊刻有《徐侍郎集》二卷、《文房四谱》五卷、《杨盈川集》十卷和《附录》一卷。衢州有童应奎、徐瑞鳌、大酉堂、叶氏如山堂、徐应瑞思山堂、舒承溪、舒用中天香书局七家,所刻各类书籍数十种之多,在全国图书市场中流通。这与衢州、龙游多产竹、木等印书刻版原材料很有关系,也与这一带素重儒学,多编、校、印一整套人才有关,还与龙游书商善于贩销书籍,占领图书市场有莫大的关联。入清,这个旺盛的势头有增无减,而且像余氏还直接把书坊开到江南(娄县)去,以靠近图书销售市场,与苏州有着长期刻印书籍经验的诸书商去竞争市场,由此可见龙游书商之能量与气魄。

木商

要讲木商,先须介绍一下"拚木"。拚木是一种将商业资本从流通领域转入生产领域,通过长期生产经营,最终经过商品交换(出售木材)而获取较大利润的木材经营方式。也就是先由木商和山主达成协议,承租一定面积的山林,由木商负责雇工种植木材,并实施相应的山林管理,待山木长大成材,就组织人工入山大批砍伐,外运出售,以获厚利。因为是从垦植、管理、砍伐、运输、贩销等环节形成的从生产到销售的一个完整流程,生产周期较长,因此需相当雄厚的资本。而且拚木的时间越长，木材的质量越好，木商的收益也就越高。一个完整的拚木周期一般需要四五十年，因此经营拚木的木商必须有长远的眼光和不凡的实力。"拚"字后来也有写成"判"字的，读音相同，意思却略有不同，后来的"判木"或"判山"，一般是指最后的砍伐和销售阶段，即由木商和山主议定价格，将整片山林买下后砍伐出售，不再涉及山林的种植和管理环节。

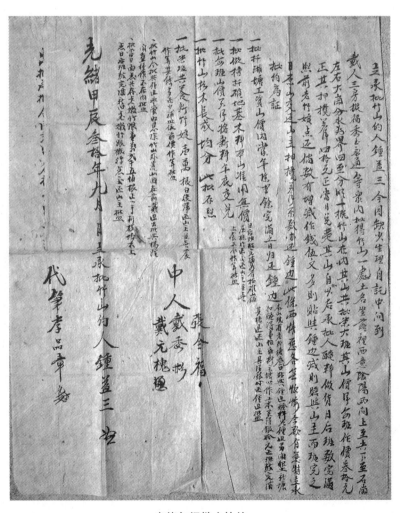

光绪年间批山协约

如此财大气粗的木商，历史上却未见具体的记载，仅在傅衣凌的《明清社会经济史论文集》第210页中载有两则：

> 此女姓程，家居衢州府开化县郭外，原籍婺源。其父程翁，是个木商，常在衢、处等府采判木植，商贩浙东、南直地方，因此住在开化。

> 衢州府常山县丁文、丁武，其祖曾任守珠主事，遗下家资数万，珍珠广多，子孙亦善守善创，日多增益。且山多竹木，适有徽州府戊源县（即婺源县）客人王恒，带家丁随行十余人，往贩杉木，闻得丁宅山多，用价银一千五百两，登门买拚，凭中交银。

第一则转引自清东鲁古狂生《醉醒石》第四回《秉松筠烈女流芳，图丽质痴儿受祸》，第二则转引自《详情公案》卷二《断强盗掳劫》。虽然只是小说家言，却也多多少少透露了一些历史信息。

在清康熙《衢州府志》卷二十三《贡榷考第三·采木》中，记载开化云雾山"召拚采木"之事：

> 云雾山者，邑宦宋氏山也，延袤颇广，而中阻深。嘉靖四十五年，吾氏与宋构讼，吾扬言此山薮盗为不轨，宋因入山于官，而讼遂息。万历二十六年，矿监失利，知县刘文孙将云雾山官木召拚得四百金以抵矿费。由是山名四驰，累有采木之事。

> 天启初，有愿自备工本采木云雾山以助辽饷者。事下，本邑知县五家彦阻之。寻值大工兴，给事中霍某撽其说以闻，知县但宗皋力陈七不可一不必，遂止。

> 弘光二年，遣太监李国辅开采云雾山，给事中吴适疏言不便有七。遣使驰视，如适言，遂罢。

在黄心耕、叶授希所撰《开化县木材流通概述》中,有关于开化木商群体的记载:"旧时,农历5月13日旧俗关帝诞辰,开化木客与徽浙木客每年借此会日,均云集杭城,研讨木业商务。当时在木业公所摆酒设宴,招待到会木商人数在400名以上,其中开化木客约占半数。"[1]可见,开化经营木材生意者人数之众。

木商中还有一种是开设木行,充当卖方(山客)和买方(水客)双方的媒介,是一种中间商,按成交额向山客、水客各抽取5%的佣金。一般来说,经营木行无须多大资金,但要赚大钱,又必须有雄厚资金为后盾。资金充裕,木行能为山客垫付资金,木行的资源就多,生意就旺。资金雄厚,木行也可得到水客的信任,为其保管现金,也可方便钱庄提供贷款,而且逢到销路疲软时,木行可以凭借其资金,直接低价收购木材,待价格回升时再出售,从而获取厚利。所以当时实力雄厚的木行老板往往有自己的运输队伍,能把山客的货源吃下来,自运外埠销售。当时计算木头以"两"为单位,有一套规范的丈量和计算方法,一两约相当于0.8立方米。

木行均设在支流与衢江干流交汇处。如龙游的驿前码头,主要经营从灵山江水运而来的县南山区及遂昌的木材,以张鼎盛木行为龙头。又如西安的樟树潭,主要经营衢江上游以及乌溪江水运而来的处州府龙泉县、遂昌县出产的木材,先后有木行20余家,以王国卿创办的王慎昌木行规模最大。樟树潭还设有以遂昌、龙泉山客为主的遂龙公所和以杭州、绍兴一带水客为主的杭绍公所。杭州江干,更是有名的木材集散地,其中开化人开设的木行占有重要地位,樟树潭王慎昌木行老板王国卿也设有义大行。

开矿

在我国历史上,封建专制者往往用"禁"的方式来处理官府和民间的经

---

〔1〕黄心耕、叶授希:《开化县木材流通概述》,《衢州文史资料》第四辑,浙江人民出版社1988年。

樟树潭古码头

济利益关系,如禁海、禁矿、禁盐、禁铸钱等等,而西方国家即使在专制时代,就已经懂得用经济手段来处理官民之间的利益分配。这其实是造成中国商业资本发展步履维艰的重要原因,也是造成中国社会长期停滞不前的原因之一。

(嘉靖)四十一年,龙游人祝十八,聚矿徒数百,从江山经玉山程村,往蒲城,欲邀众分劫平洋铜塘。为官兵所拒,不得进。退至常山,复振集四百余人,杀伤县兵,突前至草坪,过玉山,屯吴村。令其党余狗为觇,为柘阳巡检司所执。(清顾炎武《天下郡国利病书》)

钦差总督军门示:访得流劫婺源等处强贼,俱系各矿场啸聚奸徒,贻害三省非一日矣。已经奉命调兵剿灭,将各矿场严加封禁外,今后敢有违禁潜入挖掘者,许经过交地方保甲人等拿解。如人众,即报官发兵追剿。

若容隐接济者,地方保甲人等,照军法一体重究不恕。敬示。嘉靖四十五年五月初一日立。(龙游庙下乡八角殿村《禁矿碑》)

这两条资料的内在关系是很明确的,也可以说是互为因果。一方面是因"邀众分劫"而"禁",另一方面是因为"禁"而不得不强行"邀众分劫"。对于《禁矿碑》中所谓"强贼",我们并不能简单地理解为"盗贼""寇匪"。就如同历史上不少所谓"海盗"其实就是海商的道理一样,这些"强贼"实际上就是不顾官府禁令而强行开矿之人。关于祝十八,我们并无其他更具体的资料发现,一般地讲,他既是这一行动的组织者,也是这个行动的投资者。开矿的利润是很大的,开矿的投资更为巨大。利润大,就有人会去冒风险;投资大,其首领当非富商莫属。那些官宦人家虽然有钱,却无论如何也不会在这种地方投资。我们不妨假设一下,如果当时官府不是单纯地采用行政手段禁矿,而是利用经济杠杆来调节方方面面的关系,同时做好相关的服务和管理工作,那该是一幅多么和谐而且充满活力的画面。对于开矿者来说,图的无非是财,无非是为了使自己手中的商业资本转化为产业资本,从而获取更大的利润。作为一种投资手段,当然比以赚取差价为目标的商业行为要高明多了,其胸襟和气魄,也远非一般生意人所能望其项背。

旧志中还有不少类似记载,说明历史上多有采矿事件发生,官府也多有禁矿之举,矛盾尖锐时,还激化为暴乱事件:

嘉靖十九年,处贼大发,掘六都矿洞,知县林大典率民壮义士驱之。(光绪《开化县志》卷六《兵防志》)

铜山,在西安县西北百里。宋时,山出铜、锡、铅。明产矿。嘉靖三十九年,徽、处二郡民群聚来取,因为寇盗,官兵荡平之,遂设兵戍守。

铜山银矿图（原载明天启《衢州府志》）

此山即今所谓银坑是也。铜山别有一源，本名桐山，亦非铜也。万历三十二年，诏停采矿，大吏檄行，于银坑四路，皆立碑永禁，设防甚严。父老皆言此矿年久，隧道阻塞，矿脉细微，尚不足以充税额。一旦举事，而工费不继，心力不一，有所得则必争，无所得则必散。此辈皆一时乌合，无能统驭。争则非刑法之所能平，散则非芟薙之所能尽，以致蔓延溃决，酿为大患，其不为明之叶宗留、赵古元者几希(稀)。康熙三十五年孟冬，讹言忽起一旦，麇集蚁聚，运锤裂石，以无所得，稍稍罢去。至次年，复来二十余辈，因力请大府，得严檄驱斥乃罢。(民国《衢县志》卷六《食货志下·矿区》)

由于事件频发，地方官均把矿山视为多事之地，视开矿为畏途，明天启《衢州府志》卷首《画图序说二十四条》中，就有《铜山银矿图》，并有一段文字论说利弊：

明代禁矿碑

> 铜山去郡百里之遥，宋出铜铅，今为银矿。其地踞信安之西北，与睦州遂安、饶州德兴相为联属，常山则其出入门户也。一矿开采，四方动摇，西与常，实剥肤之灾矣。往者盗采，已血兵刃；近者官采，亦伏乱萌。大者利源所在，豪强毕集。采之而得盈，其愿则久据窟穴，有尾大不掉之忧；采之而不偿，其徒则四出作奸，有望屋横行之暴。财而不开，民之乐也，亦官之福也。自今设兵，更番戍守。兵宪持衡于上，守府严缉于下，木石填封，永无罅漏矣。有如言利之徒，复为开采之说，是挖肉以成痈，引火以燃眉。初喜得鱼，终将料虎。仁人君子，其慎图之。

反复申述，谆谆告诫者，强调的就是千万不要开采（财而不开），才是民之乐，官之福。官方的态度如此，商人的境遇又怎能顺遂。

第三节　"无远弗届"和"遍地龙游"

"遍地龙游" 语出明万历《龙游县志》卷五《风俗》："贾挟资以出，守为恒业,即泰、晋、滇、蜀,万里视茗比舍。谚曰:'遍地龙游'。其积习可概焉。"

在傅衣凌先生《明代浙江龙游商人零拾》一文中,已有"上面已述明代早有'遍地龙游'之语,所以他们的活动地区是无远弗届的"[1]这样的论述;以后在陈学文等人的各种论述中,也都以"无远弗届"来描述龙游商帮商业活动的一个特点或风格,成为记载龙游商帮的经典词汇。"无远弗届"和"遍地龙游"一起,被多次反复引用和论述。

从字面上看,"无远弗届"侧重于距离的远,"遍地龙游"侧重于范围的广,两者之间似乎有一种因果关系,因为"无远弗届",所以"遍地龙游";也似乎是递进关系,不但"无远弗届",而且"遍地龙游"。那么衢州商人,尤其是龙游商人,他们的经商活动是否真正地"远"和"广"呢? 答案自然是无可置疑的。

明万历《龙游县志》认为龙游商帮"秦、晋、滇、蜀,万里视若比舍",从当时明朝的版图来看,统治的中心区域(或者说是"实际统治区域")实际上也就到这些地方为止,再往外,往往就是一些少数民族地区了。关系好的,那些土司什么的还隔三差五地来朝觐、进贡;关系差的,则自立名号,各自为政,甚至派兵入侵,和中央兵戎相见。万历《龙游县志》如此记载,当时肯定有相当多的事实依据,但今天看来,却未免有笼统之感,这也可以说是我国古籍的通病,往往注重辞藻,反而使事实模糊了。那么我们不妨去寻觅一些史实吧。

前面已多次提及童氏族人贩卖珠宝,远至大同、宣府。这大同、宣府,也可以说是"秦晋之地"了吧。关于"滇"即云南,在《皇朝条法事类纂》卷十二中有这么一则记载:

> 成化元年十一月初七日……姚安军民府阴阳学政术甘理言一件禁约游食事:切见云南远在万里,各边卫府军民相参,山多田少,不通舟车。近

---

〔1〕 傅衣凌:《明清社会经济史论文集》,第181页。

年雨水不调,五谷少收,米粮涌贵,过活艰难。有浙江、江西等布政司安福、龙游等县客商人等,不下三五万人,在卫府坐理,遍处城市、乡村、屯堡安歇。生放钱债,利上生利,收债米谷,贱买贵卖,娶妻生子,置买奴仆,游食无度,二三十年不回原籍。

说明在明成化年间,已有为数不少的龙游商人,在云南姚安(今楚雄彝族自治州姚安县)进行高利贷和粮食买卖的生意,而且"娶妻生子","二三十年不回原籍"。经营此类生意需要大量的资金,这也就验证了万历《龙游县志》中"贾挟资以出,守为恒业"的记载并非虚语。关于龙游商人在四川(蜀)的商贸活动,至今尚无史料发现,既然万历《龙游县志》关于"遍地龙游"的记载大多已得到了证实,那么唯独缺少蜀地资料,问题当也不大了吧。

傅衣凌和陈学文先生还引用明慈溪人王文禄(1532—1605年)所著《策枢》卷四中的记载,说明龙游商人中也有经营海外贸易活动的:

今寇渠魁不过某某等数人,又每船主,如某某等数十人而止耳。构引倭夷,招集亡命。……其他协从,大约多闽、广、宁、绍、温、台、龙游之人,或乏生理,或因凶荒,或迫豪右,或避重罪,或素泛海,或偶被掳,心各不同,迹固可恶,然非有心于造乱者也。

可见在当时的倭寇之乱中,也有龙游商人的踪迹。有意思的是,文中提及的闽、广、宁、绍、温、台之人均属傍海或近海,只有龙游人属于内陆地区,这说明龙游人当是"或素泛海"的进行海外走私贸易的海商可能性更大。

此外,在一些旧籍中,尚有一些史料说明龙游商帮商贸活动的"远"和"广":

(毛文瑛)挟资商游闽广间,刻厉奋发,不数年资遂饶裕厥厚,恒商于

广。公虽以营利植生,终不以利掩义,故所为多义事。(《瀫水毛氏宗谱》卷
一《明故存耕处士毛公行状》)

　　周锦姑,字胡松。松商于外,久不归。其父往觅之,亦死于道。讣闻,
锦姑奔归侍姑,哀恸几绝。(民国《龙游县志》卷二十一《列女传》)

毛文瑛在福建、广东一带经商(商游闽广间),后长久商于广东(恒商于广);胡
松经商地不详,从"久不归"看来,当也不会太近。

　　在当时的条件下,外出经商是很不容易的,路途越远则风险越大。在历史
上,安土重迁是人的常性,出远门者,大多是由于遭遇灾祸,或者由于犯罪,不得
不外出逃难;当然也有赴京赶考和宦游者,这和外出经商情况是不同的。无远
弗届的商人们路途遥远,风险甚多;涉江渡水,艰苦备尝,而且容易遭受疾病、盗
贼、自然灾害的侵袭,是有相当悲壮色彩的,像上面提及的胡松父子那样回不了
家的也非个别现象。我们说经商要斗智斗勇,"斗智"是指经商手段,"斗勇"其
实就是要吃得了苦,下得起决心,经得住离家别亲那种生理、心理上的煎熬。

　　外出经商者如此,守在家中的亲人也是很不容易的。前面写到的周锦姑,
她只能算是胡松的未婚妻(字胡松),据民国《龙游县志》记载,此后她就誓不
再嫁,"纺绩养亲,至老犹盘丝若处子。年七十余,一日沐浴更衣,端坐而逝"。
龙游商人无远弗届,外出经商,顾不上留恋乡土和儿女情长。外有"旷夫",自
然内有"怨女"。那些留在家中望眼欲穿的商人妇,要承担起沉重的生活负担,
侍奉父母,抚养孩子,田地不能荒芜,生活尚需维护,各种天灾人祸都得靠一双
女人的弱肩来承担,而精神上的那一份孤苦寂寞更是无处诉说。于是,在冷清
的闺房深处,在望眼欲穿的路头渡口,在无助的田头陌上,响起了这些守望者
们充满哀怨的歌声,歌声伴着孤灯,伴着泪水和汗水,伴着那秋夜的阵阵捣衣
声如诉如泣。一首题为《丈夫出门十八年》的民歌在龙游城乡广为传唱,流传
了一代又一代,不绝如缕:

哭公鸟,叫连连,丈夫出门十八年。

没儿没女真可怜,三寸金莲下烂田。

两石田种到大溪沿,两石田种到山边沿。

大水冲来冲着奴格田,日头晒来又晒着奴格田。

种起稻来青艳艳,生出谷来两头尖。

春起米来白鲜鲜,磨粉做馃光圆圆。

猪油包,菜油煎,想想没儿没女吃个添。

歌谣以"哭公鸟"(即布谷鸟)起兴,"哭公"两字就点出了主题,渲染了悲伤气氛。歌谣语言朴实形象,风格凄绝哀怨,地方色彩又非常浓郁。从歌谣可知,这位商人妇当是新婚不久丈夫就出门了,不然的话也不至于"没儿没女"。特别是最后那句"想想没儿没女吃个添",犹如一声沉重的叹息,把她那种生活上孤独无援和精神上的落寞无奈刻画得非常传神。这一份况味,绝不是白居易《琵琶行》中那一句"商人重利轻别离"所能打发的。从中也不难想象,那些无远弗届的商人们在辞别亲人毅然上路之际,承载着的是何等沉重的心理压力和精神负担,在"遍地龙游"的背后,又饱含了多少离愁别恨和思亲、思乡的无穷情愫。

　　有必要指出的是,当时的主流社会并不认同"遍地龙游"的盛况,因此在万历《龙游县志》的记载中,最后要加上一句"其积习可慨焉",以"积习"两字对"遍地龙游"作了彻底的否定。至使余绍宋先生在民国《龙游县志》中按捺不住心中的愤懑,以按语作了驳斥:"遍地龙游之说久不闻矣,万历壬子志以为积习可慨,嗟夫! 今又安得有此积习也?"[1]说到这里,我们不得不回过头来,观照一下浙江大学历史系教授包伟民和博士研究生傅俊发表于《福建论坛·人

---

〔1〕余绍宋:民国《龙游县志》卷二《地理考·风俗》。

文社会科学版》2004年第3期的论文《从"龙游商帮"概念的演进说学术失范现象》中的相关批评：

> 看来龙游人之"喜商贾"当为事实，需要讨论的是它的发展程度问题；另一方面，分析记载这些历史现象的文献，虽然关于龙游人经商事例偶亦见诸其它文献，但如"遍地龙游"这样归纳性的描述，则全出于龙游本地志书，这就与其它地区"商帮"存在明显的差异，如晋商、徽商等，他们的历史活动除本地志书的记载之外，"无徽不成镇"这样的描述，还广泛地见诸其它地区的文献，可以反映其它地区对晋商、徽商的一种普遍认识。因此，似此"遍地龙游"之说，看来当属龙游人之自诩，而非时人的普遍认识，其中多出自龙游人基于地方自豪感的自我夸张，可以肯定。而龙游人的这种自我认识究竟在多大程度上反映了历史真实，需要通过其它侧面的历史资料来具体分析。换言之，此类自我认识也许可以引为佐证，但无法直接当作论据。

包、傅两位"需要讨论的是它的发展程度问题"以及"与其他地区商帮存在明显差异"这两个问题，我们能够接受，因为是客观的存在，我们不想回避，更不想掩饰。相对晋商、徽商等商帮，龙游商帮在规模、影响、能量等方面确有明显差异，存在的时间也短得多，可谓"其兴也勃焉，其亡也忽焉"。但对于"'遍地龙游'之说，看来当属龙游人之自诩"的说法，我们是万万不能苟同的。因为当时的主流社会是把它作为一种应该革除的"积习"来看待的，根本就不存在所谓的"自诩"问题，也不是"其中多出自龙游人基于地方自豪感的自我夸张"。在今人的研究文章中，"遍地龙游"出现的频率确实很高，但主要是将其作为一种现象进行论述，作为一种"佐证"进行讨论，论述得不够充分、论述得不够明确或许有之，批评大家简单地将其"直接当作论据"，应该说是缺少根据的。

第四节 龙游商帮成"帮"吗?

我们的答案是肯定的。

理由一,经商人数众多

不妨看看历史记载:

> (龙游)瀫水之南,乡民务耕稼;其北,尚行商。(明嘉靖《衢州府志》卷一《舆地志·风俗》)

> 谷贱民贫,恒产所入,不足以供赋税,而贾人皆重利,往往致富。今之富人无不起家于商者,于是人争驰骛奔走,竞习为商,而商日益众,亦日益饶。(清康熙《西安县志》卷六《风俗志》)

> 民庶饶,喜商贾。士则缉学缀文取仕进。(明万历《龙游县志》)

> 北乡之民,率多行贾四方,其家居土著者,不过十之三四耳。(清康熙《龙游县志》卷四《田赋志·物产》)

> 吾邑间阎熙攘,烟火和乐。家家力穑服贾,足以自给。故勇于急公,笃于好义。(清康熙《龙游县志》卷首《序》)

> 龙游之民,多向天涯海角远行商贾,几空县之半。而居家耕种者,仅当县之半。(明天启《衢州府志》卷十六《政事志·户类》)

> 向时人务本业,野无旷土。迩来清湖为闽越孔道,至有释耒而逐负担。(清康熙《江山县志》卷一《风俗》)

> 江邑沃壤,民殷富,人肩摩,庐舍鳞次,商贾辐辏。(清康熙《江山县志》卷一《风俗》)

> (常山)闽浙之会,习尚勤俭,业事医贾。妇人供纺织,不出户庭。(清康熙《衢州府志》卷二十五《风俗》)

> 商以通有无,权本末,亦开源之一道也。计常地向出球川纸,擅利一

方,后渐废之。柏油、粮蔗,不过通行一时而已。近则莲、橘二物丰盛,装载出境,亦沾余利。而山场竹木,或则招致远贾,或则自运售卖,庶可获倍蓰之息。(清光绪《常山县志》卷二十一《风俗·四民》)

远而业商者,或广或闽或川或沛或苏杭或两京,以舟以载者比也。近而业贾者,或货食盐或米谷或材木或醋或鱼肉或布帛杂物,肆而居者籍籍也。(明万历《兰溪县志》卷一《户口》)

商帮的形成,自然要以商人众多为前提,商人不多难免势孤力单,形不成气候。从上述记载中可知,衢州商人当时已臻人多势众之势,特别是龙游县已到了"几空县之半"的程度,在这样的情势之下,商帮的形成当然是水到渠成的事情了。

理由二,宗族观念浓厚

聚族而居,是衢州历史上的基本聚落形态。建祠堂,修族谱,均为各个家族的自觉行动,"开祠堂门"祭祖,更是阖族大事,各个家族均有一套严格的仪礼程式,不敢稍有疏忽。为了娱神,规模大点的祠堂还建有戏台,有规定的演剧时间。为了给家族祈福,有的家族还凭借自身的财力,建造宝塔,以完善风水。龙游县至今还留有宝塔八座,其中建于北宋嘉祐三年(1058年)的舍利塔,就由当地江氏族人兴建,因此在赵抃的铭文中有"建者江氏,铭

横山塔

以为识"之语。建于明嘉靖三十七年（1558年）的湖岩塔，就由张家埠尹氏族人兴建。建于明嘉靖十三年（1534年）的横山塔，就由当地张氏族人兴建，因此每块塔砖上都有"大明嘉靖甲午横山张氏塔砖"字样，在塔顶的铁质露盘上铸有铭文122字，说明"横山张氏同心合力建宝塔一座，祈保各家子姓功名显达，买卖遂心，福如东海，寿比南山者"。

横山塔塔铭

徐姓是衢州的第一大姓，2015年统计有约20万人，占全市总人口的8%左右。各地的徐姓，均奉春秋时期的徐偃王为先祖。徐姓自汉阳朔二年（公元前23年）迁入，当时的江夏太守徐元泊为避王莽祸乱，渡过长江，徙居太末城南泊鲤村（今龙游县溪口镇灵山村），因此灵山的徐偃王庙就成为"浙江另一著名的徐偃王遗迹"（浙江省社会科学院研究员董楚平语）。立于庙中的古文大家韩愈所撰、福州刺史元锡手书的《徐偃王庙碑》，至今藏于衢州市博物馆——由于碑只剩半截，因此称之为"半截碑"。由于徐姓人口众多，大大小小

唐《徐偃王庙碑》拓片

大公村祭祖

的徐偃王祠庙也就"东华、湖镇、沐尘、锦溪并有祠,与灵山相埒。他则诸乡都并有之,土人供伏腊咸于是"[1]。保存至今的龙游县社阳乡大公村的大公殿,每年都要举行祭祀徐偃王的清明灯会。

清同治《江山县志》卷一下《舆地志六·风俗》:"富家大族必有宗祠,备极宏丽,祭则子姓毕集。"又说:"宗祠以冬至为大祭。祭之日分丁饼,六十以上则视年寿而有加,有功名者倍之。"民国《龙游县志》卷二《地理考·风俗》也说:"族不问大小,各自为村。有事则集于一堂,宗法虽亡,犹有古敦睦遗风。"可见在衢州人的心目中,宗族观念之浓厚。当他们开展商业活动时,由于要面对各种各样的挑战,因此以血缘为纽带,整合家族的力量,和族人抱团"无远弗届",就成为他们的首选。在前面已提到的那些前往宣府、大同

---

[1] 民国《龙游县志》卷五《建置考·祠祀》。

从事珠宝生意的童氏族人,就是一个明显的例子。有意也好,无意也罢,血缘关系无疑是龙游商帮中的一个基本因素。

理由三,经营行业相对集中

衢州商人以纸商、珠宝商、书商、木商、开矿为大宗,此外如粮商、油商、茶商等也不在少数。由于经营行业相对集中,各行业的商人自然要进行一些必要的协调,互通商业信息、共同应对官方的敲诈,处理工匠的纠纷和闹事,如造纸工人的"放槽"(罢工)等。至于开矿,更要和官兵兵戎相见,自然更少不了严密的组织和统一的号令。我们不难想象,当时肯定有一些类似于"行业公会"之类的组织,如1991年出版的《龙游县志》中就有"木商公所"的记载。民国十一年(1922年),开化木商在杭州钱塘江边建浙东木业公所,樟树潭也有遂龙公所和杭绍公所的设立。当然,这些是民国期间的事,不在本书的讨论范围之中,但也多多少少透露出些许端倪,更多的证据和实例,尚有待于新的史料发现。

理由四,有会馆组织

民国《衢县志》卷四《建置志下·会馆》有天后宫(福建会馆)、万寿宫(江西会馆)、朱文公祠(徽州会馆)、宁国太平公所、宁绍乡祠(宁绍会馆)、须江公所(江山会馆)、金华公所、遂龙公所的记载,大多建于清乾隆年间。1991年版《龙游县志·杂记》有江西会馆、徽州会馆、宁绍会馆、广丰会馆、金华会馆、福建公所、江山公所、南乡公所、北乡公所的记载。由于受方志编纂"越境不书"观点的影响,上面所载除龙游的南乡公所、北乡公所分别为县内南乡人和北乡人建在县城的公所外,其余均属外地人建立的会馆,本地人建在外地的会馆均被忽略了。更由于贱商思想的影响,其他尚存的府志、县志中,均少有关于会馆的记载——不管是本地人建在外地的,还是外地人建在本地的。

会馆是旅居客地的同乡人为联络乡谊结成团体,兼营善举的场所,以此作为集会、居住的馆舍。也是商人的重要集会和活动场所,被视作为商帮的标志性设施，如北京黄皮胡同仙城会馆的《碑记》中，就有“称会馆者，何为也？为里人贸迁有事，祃祀燕集之所也”的记载。由于主流社会的偏见，往往有意无意地忽视商业史资料的记载，因此造成这方面史实的考证困难。不过上面记述也还是多少说明了一些问题：既然龙游的南乡人和北乡人为了自身的需要，均在县城设立公所，那么在外地的龙游人，则更有必要设立自己的会馆，以供睦乡邻、议乡事的需要了。而且上面的记载均提及江山公馆，既然在衢州府城和龙游县城均有江山会馆，那么在其他地方也应有江山会馆的设立；既然江山人有会馆的设立，那么衢州府的其他县更应有会馆的设立。这样的推导，应该说并非牵强和想当然的吧。而且在民国《龙游县志》卷二十四《丛载·轶闻》中，记载福建陆路提督兼水师提督罗大春，跟随左宗棠参加与太平天国军队的战争，事平后，在龙游的高山姜村购田经营庄舍。“于西安、龙游两县极为关切，今省城西龙会馆即大春独立营建者也。”西龙会馆者，即西安、龙游两县合建之会馆也。

而在清光绪《常山县志》卷六十七《文集》中，更载有邵志谦撰《重建常山会馆碑记》一文：“京师乃四方之极也哉，故侯国卿士入都必有朝宿之所……吾邑浙东弹丸耳，旧有会馆在南城正东坊。盖前代游宦日下者颇盛，而事弦高之业者亦踵相接，因置此为旅食者寄一枝。”接着又详细记载了本次重建的经过，“予董其役，以次年二月落成”云云。此文作于何时不清楚，查卷四十二《贡士》，知作者为清乾隆年间人，以拔贡任汤溪县教谕。文中提及的“弦高”，为春秋时郑国的商人，这里用于指代经商之人。

根据上述四个方面，我们认为“龙游商帮”的提法，应该是站得牢脚的，而非有人讲的那样是“出自虚构”。

第五章　追寻商帮遗踪实录

第一节　广东南海走亲

现代交通确实美妙无比，两个小时的飞行，就把当年黄氏家人翻越大庾岭的艰难跋涉远远抛在了身后：早餐还在龙游的快餐店吃葱花馒头，晚饭就和广东省佛山市南海区大沥镇平地村的父老们畅叙乡情了。

南海平地黄氏先祖为龙游人，据其家谱记载，南宋时有黄适中（1106—1154年），字德政，号庄台，为龙游县学附生，于宋绍兴八年（1138年）中乡试第六名举人，绍兴十八年登王佐榜进士第二甲第四名，出任江西南安军知军，后因病卒于任上。当时正值金兵南侵，其夫人携次子黄九韶往南雄珠玑巷水井头村其母家居住。黄九韶于淳熙十三年（1186年）赴选广州，见南海平地村地势宽广、风光宜人，便购田600余亩，奉母在此开基定居，至今已达830年，传30余世。

对于祖先的发祥地，黄氏族人一直眷恋不忘。在《南海平地黄氏族谱》中有"六代远祖俱在浙江衢州府龙游县立德乡锦衣里居住"的记载。他们的宗祠里有"衢阳衍派"的石刻门额，每逢春节，村市中都要贴上"灯火夜观新市景，锦衣人记旧乡名"的对联。他们盼望能和故乡龙游接上关系，早在20世纪20年代，就曾派人来龙游寻根，结果无功而返；直到改革开放后，总算和龙游县政府取得联系，并于1991年9月和1994年10月两次派代表来龙游寻根。经过有关方面的艰苦搜寻和考证,终于根据一块凉亭碑文中称张家埠为"锦里"的线索,从当地《尹氏宗谱》中查到张家埠历史上称"衣锦里"的记载,而该村位置恰在衢江北岸,与"衢阳衍派"的含义吻合,从而"对祖居锦衣里所在位置,有更准确之定位"[1]。从此,两地来往密切,浓郁的乡亲情谊,情真意切。当然,我们这次走亲的主要目的,是为了寻访龙游商帮的踪迹,了解黄氏族人中历史上的经商情况。因为现在的黄氏族人早已发展到新加坡、香港等地,其中尤多经商人士,如新加坡侨领黄湘文,即为其族人;被推选为旅港南海平地黄氏同乡会永远会长的黄理先生,即南海平地黄氏族人中的旅港富商。经黄氏族人协议,还于1971年4月5日,成立"旅港南海平地黄氏同乡会有限公司",并于香港九龙红磡机利士南路十号二楼购置前座一层,约800平方英尺,作为同乡会驻地。如此家族,历史上的经商情况自然为我们所关注。

我们曾经多次接待过来龙游寻根的黄氏族人,所以大家都是老朋友了,知道我们行程安排得很紧,当天晚饭后,乡亲们就推选族中长老,到旅馆来和我们座谈交流。据大家介绍,黄氏族人素以耕读传家,在"士"和"商"两方面,都有不俗的表现和传统。重视子弟的教育,崇尚儒学,倡导学而优则仕,自然是黄氏族人的主流思想;以儒术饰贾事,弃儒为贾,在黄氏族人中也有传统,被认为是克家立业的正途,并不受排斥。

和位于浙西内地的故乡不同,南海平地位于珠江三角洲。当故乡的龙游商帮因未能适应环境而处于式微之际,黄氏族人却能顺应历史的潮流,或远赴南洋,或经商于港澳地区,迈出了新形势下无远弗届的经商之路,正如《南海平地黄氏族谱》第九辑《序文》所说:"自清季始,族人外出谋生者渐多,近者港沪,远者渡洋,近数十年来,更涉足全国各地,乃至世界各国,遂有留乡者寡而出外者众之势。"

---

[1]《南海平地黄氏族谱》(1995年)卷五《艺文谱·龙游寻根记之二》。

1994年龙游寻根

平地黄氏大宗祠

作为进士德政公的后裔，黄氏族人的文脉正如其《南海平地黄氏族谱》第九辑《序文》所说："追溯吾祖来自文物丰盛之乡，子孙承先祖德荫，家学一脉相传，读书之风遍闾里，文化之普及在南海亦颇有闻焉。自平地开基之后，六世祖默斋公讳文聚字玄会，首登进士第宝祐四年丙辰（1257年）文天祥榜。"距其先祖德政公中进士不过109年。此后，明嘉靖二年（1523年）有黄文庆中进士。清道光二十四年（1844年）举人黄敬祜，其儿子黄嘉瑞、黄嘉礼分别于清同治十年（1871年）、光绪十六年（1890年）中进士，因父子皆登科甲，在南海四乡传为佳话。此外，举人、贡生以及武职等，则更多了。到了近现代，平地黄氏族人与时俱进，多有各界代表性人物涌现，如原在广州经营屠宰场，后毁家参加黄兴领导的新军起义，得到朱执信、胡汉民信任的黄中理；1935年期间任航空教员，在武汉坠机身亡的黄广骝；曾任国民政府邮电部部长的黄浩川；我国著名制糖专家，曾任轻工业部食品工业局总工程师的黄振勋；1945年驾机起义，投奔延安，后在东北参与创办新中国第一所航空学校的黄于飞。中南工业大学教授黄振谦、副军级军医黄森贤、中国科学院上海原子核研究所研究员黄灿华、运动健将黄瑞葵、全国优秀教师黄福全等，均属今黄氏族人中的佼佼者。一个村子，一个家族，能有如此多优秀的人物涌现，确实是很了不起的，恐怕比内地一个普通县的分量也差不了多少吧。

据黄氏族人父老们介绍，"以商养家"一直是黄氏家族中和"以儒增光"并行不悖的行为准则。用他们的话来说，黄氏家族以600亩土地起家，800多年来瓜瓞绵延，蔚为大族，靠的就是族中经商者的财力支撑，不然的话一切都说不上。可是在他们的族谱中，这方面的记载却相对薄弱，这自然因我国的历史典籍素来缺乏这方面的详细记载的习惯有关，即使在家谱中也如此。当然，在《南海平地黄氏族谱》中，也还是多多少少有所反映的，只是记载得总有不够具体之嫌。如在清光绪十二年修家谱的《序》中，撰文的二十二世孙黄显初就说："余少亲庭训，常以建祠修谱为要务，奈谋食四方，有志未逮。及壮，与先兄少坡、堂兄春田谈及北溪祖祠业已倾圮,桐坡祖祠未倾而已坏,商众开汇,先后权理数十余年,子母相孳,粗有成数,北溪祖祠于丁卯落成,桐坡祖祠亦于乙酉告竣。"可见这位倡修祖祠者原是个"谋食四方"的商人,在祠产的经营中也遵循市场原则"子母相孳",终于得偿修理祖祠的凤愿。能够获得为家谱撰《序》的地位,靠的是"权理数十余年"的劳绩,其本人的文化素养也是相当深厚的,用现在的话来说,可谓"儒商"。

此外,如在《南海平地黄氏族谱》卷四《家传谱》中,记载有"十九世展屏公","性谦厚而智精明,事勇为,果决孝勇,货殖两传谦而有之。其居乡也和而不流,兄友弟恭率循矩矱;其服贾也臆测屡中,持筹握算向往咸宜"。"二十世念斋公","仰体亲心,克勤生计。家本中产,以俭积至丰饶,号称巨富"。"二十一世沐旸公","成童后刻志经书,祖以家道清贫艰于应给,遂命别业青囊以供家计。公虽弃儒就术,犹常与文士挑灯论文"。"二十一世相墀公","少好读书,卒困于场屋,遂弃儒习贾"。"二十一世宾甫公","身虽弃儒就贾,而于稽古力学之士,即未一亲道范,靡不尊重而爱慕之"。"二十一世景登公","尝与兄同业营生,岁入如何,度支如何,悉如兄言概无芥蒂"。"二十二世翰登公","十二龄始就傅,旋以乌哺情殷无心向学舞勺,后遂游于桂学贾"。"二十二世诚之公","少商于粤西贺县数十年,尝倡南义会,购置义地以妥同邑客于贺而亡者";家谱中并记载其"年十七佣食广西,数十余年稍有积蓄,自营油业于贺县之永庆墟,又数年分肆于连塘墟,惨淡经营,日用颇裕"。"二十二世稼生公","以贫故亟谋家人生产,少贾西粤"。"二十三世平石公","秉承父业,励志营生"。"二十三世成广公","长与人为佣,既俭且勤。赢余稍积,旋即改营炮竹,壮岁始有家室。暮年,家业日隆"。"二十三世福三公","经商于粤西贺县数十年,与贵州巡抚林公肇元款曲尤密,有兰谊之亲。时粤西地面无正式质库,重利私押民苦不堪,公特禀请广西布政使护理巡抚康公国器,仿广东三分之例而行创建晋益,于是远近贫民舞蹈欢欣歌颂不已"。在

2006年印行的《平地村志》中还有"晚清时期,平地黄氏其中一技后人在省城(广州)经商,由于经营得法,生意越做越大,先后在广州城西十二甫买地、置房、置铺。鼎盛时期发展到将近整条十二甫街俱为黄姓所有,称为十二甫黄"的记载。从上述这些散见于家谱中的一鳞半爪的记载中不难看出,南海平地黄氏族人虽远居岭南之地,却也弘扬了故乡龙游敢于经商,善于经商的风气。尽管家谱的编纂者囿于当时的社会风气,往往有意无意地在这些商人身上描上或多或少"儒"的色彩,能够通过家谱把这些资料保留至今,也就很宝贵了。由于家族中经济实力雄厚,又有良好的文化传承,黄氏族人的谱牒编纂也很完善,自从南宋咸淳九年(1273年)编撰第一部族谱以来,至今已先后九次编修,传承颇为完善。

第二天上午,乡亲们又陪我们参观村容,瞻仰了平地黄氏大宗祠等文物古迹。平地村有居民2 600户左右,人口约8 000人,是个较大的村庄,加上地处广、佛商业走廊,经济发达,虽说是一个行政村,但规模气派,宛如集镇。黄姓是村中第一大姓,有700余户将近3 000人。另外,移居港澳、海外的有近万人。历史上,该村以烛芯和爆竹以及石灰产业闻名,百多年前,村中已有烛芯作坊数十家,比较大的有裕和、万聚、富聚等20余家,此外还有黄广济毛巾厂等企业,从业人员达500余人。改革开放以后,工业发展,各种企业达700余家,规模较大的有华盛型材有限公司、创利金属制品有限公司、佳明机器有限公司、信华实业有限公司、金德锋工艺实业有限公司、美的乐五金电器厂等,其中年产值1 000万元以上的企业4家,5 000万元以上的和亿元以上的各1家。村中还有平地市场、平地电器城、平地布匹市场、鸿珠日用品批发市场等专业市场,还有利用村中集体资金开发的华辉花园房地产业,建筑面积达8万平方米。早在2002年,村中的集体经济总收入已近10亿元,近年以来发展得更快。村中保留不少文物古迹,如黄氏大宗祠,占地达1 500平方米,三进三开间,设计严谨,局面巍峨,木雕、石雕、砖雕、灰雕,工艺精湛,为岭南祠宇建筑之代表。

旅港南海平地黄氏同乡会外貌

村中的公共设施也很完善。出于自卫的需要，早在清朝末年，村中便购置铁炮6尊，兴建炮台、炮楼。还购置手摇消防车，用于灭火。村中的德政小学创办于1927年，至今已成为广东省一级学校。校园占地1.5万平方米，建筑面积约1万平方米，设教学班30多个，其规模和设施完全和一般县城中的小学不相上下。村中先后投资5 400多万元进行环境治理，建立100多人的绿化、环保队伍，安装完善的路灯系统，建有平地中心公园以及一些小公园和绿化小区。创建于1995年的村档案室，被评为市一级综合档案室，档案室负责人还应邀出席在北京召开的第十三届国际档案大会，还展出了相关资料。

乡亲们一再和我们强调，平地村之所以能有如此的建设成就，是和广大港澳地区和海外侨胞的支持分不开的。无论是投资办厂还是创办各项福利事业，例如建学校、装路灯、造花园等，都得到旅港黄氏同乡会的大力支持。为此村中还专门划出5 000多平方米的土地，协调给有需要的港澳乡亲建房，并将此

平地龙游新村

区域命名为"龙游新村"。新村由四排楼房组成,每排9间,每间占地100平方米,成为一个完善的住宅新区。"新村之名是以平地黄氏祖籍浙江省龙游县而命名,街巷以龙游称之,实为慎宗溯远,缅怀祖籍故土之举。"[1]

第二节 兰溪诸葛叙旧

余绍宋1933年1月7日《日记》:"七时十五分赴车站,八时开行,遇诸葛源生,相见甚欢,盖其家与吾家已有七八十年世谊也,途中遂不觉岑寂。四时二十分抵江边,渡江抵寓已七时矣。"[2]余绍宋此次是回衢州探亲,归途于兰溪乘汽车回杭,在汽车上与诸葛源生相遇。余绍宋此后在《日记》中又多次提及诸葛

〔1〕佛山市南海区盐步街道平地村委会编:《平地村志》,2006年,第210页。

〔2〕《余绍宋日记》,中华书局2012年,第1067页。

源生，如1935年3月2日，余绍宋与其结伴同赴广州，当天《日记》中有"登威尔逊总统号大轮，与源生丈同舱房"的记载；3月4日有"源生丈之世兄瑞成及其药号管事袁昆甫来，相约之新纪元酒家便饮"的记载。3月5日记同游九龙，有"饭后源丈来，以汽车约往九龙一游"，"源丈约至镇海楼食鱼鲜，种类至繁"的记载。[1]特别是在4月14日的《日记》中记及："中午在柳宅家宴饮，转晴，旋同治文赴金衢会馆一观。此为曾祖考所创设者，今为金华无赖所群集，杂乱之甚，犹幸诸葛源生丈从中维持，不然毁矣。"[2]此则资料之宝贵，使我们知道当年余绍宋曾祖父余恩鑅曾在广州创设金衢会馆之事，也反映出余氏和诸葛氏两家关系之不一般。

诸葛源生名韵笙，源生是其字，兰溪诸葛村人。浙江人民出版社2013年5月版《兰溪市志》第五十一篇《人物》的第一章《历代人物传略》中有其父子的传略，其中尤多商业资料，兹将其父子二人的传略分别转引于下：

　　诸葛锵（1844—1900），字凤鸣，号棠斋，诸葛村人。10岁失怙辍学，幼而习商。甫游都市于物产信息、生计盈虚了然于心。咸丰十一年（1861），太平军陷兰溪，锵时年18，挈眷避诸宁绍江淮。安顿完毕，旋纠众间行归里。复集兄弟戚属20余人，驰突风魂血瀑，日贸易数十里外。兵近则避，兵去则贾，攸往无困。籍资周济，全活甚众。同治二年（1863），太平军败走兰溪。锵以敏锐目光在劫后狼藉的兰溪县城开设天一堂药号。时港禁初开，洋商航集东南。锵高掌远跖，纠众由浙赴江，由赣趋粤，创起中药业。设祥源庄于上海，并以之为基地，力绾中外贸易之枢纽，南届广州、香港，北到津沽、牛庄，设祥源庄分号，经营中成药和中药材。信义交结，华彝无

〔1〕《余绍宋日记》，第1240—1241页。

〔2〕《余绍宋日记》，第1259页。

间,运输贸易半中国,直至南洋,成国内中药业最大代理商。光绪初,锵首出巨资,于广州修葺金衢会馆,使南下金衢客商宾至如归,隐隐然金衢中药业界领袖人物。因其引领推动,兰溪涌现超5 000人的药商大军,时占全县男丁的7.4%。光绪二十二年(1896),积劳成疾,养病故里3年,仍时手书千言,指示沪粤商情。二十六年(1900),于上海病逝。锵子韵笙,留学日本,弃官从商,继承父业。锵囊有余资,不营良田美宅。返里倡建宗祠,设立义塾,购图书万卷贮其中,延师以教里中子弟,备受赞誉。

诸葛韵笙(1871—1942),名泰,字源生,诸葛村人。父棠斋(本志有传),为晚清浙中药商巨子。初习举子业,22岁中秀才,27岁赴日本留学。三年后学成回国,弃儒经商,继承父业,开拓创新。先在兰溪城区扩充天一堂为药行,增设同庆药行,经营中药批发业务。又在上海设祥泰参药号,同时在上海、广州、香港3地经营祥源庄药号,在杭州设同丰泰运输行,分支联号,互相呼应,在浙中西部和皖南赣北形成经营网络,使其在兰溪集散的山货药材及土特产直达上海、广州、香港。天一堂所制丸散膏丹,以"修合虽无人见,诚心自有天知"为旨,选料道地,制作精细,畅销国内及南洋各地。百补全鹿丸尤有特色,远销杭州、上海、台湾;据传盲人手摸鼻闻,便知是否天一堂所出。韵笙经商有道,曾任香港浙江商会会长。热心地方公益,兴办诸葛宗高小学,捐巨资担三中学、高隆小学。民国9年(1920),又兴办兰溪中医专门学校,任校长,直至民国26年(1937)停办。父子两代,后先济美,致力发展中药业凡80年,对兰溪经济社会发展颇有贡献。民国31年(1942)卒,终年72岁。

从传略中可知,其父子为当时兰溪中药业的领军人物。在清代以来,兰溪的中药业名闻一时,而诸葛村更是当时的"药乡",是中药业的中心所在。而余绍宋的曾祖父余恩鑅退休后曾在龙游县城创办滋福堂药店。余恩鑅曾在广东番禺、潮州、连州等地任官四十年，与兰溪的药商深有交情，对他们给予过很多帮助，他在创办滋福堂药店时也得到兰溪药商的支持和帮助，双方渊源很深。余绍宋在《日记》中说"其家与吾家已有七八十年世谊也"，由此推算，建交当在1863年左右。当时余恩鏻在广东为官已达十年，而且在诸葛锵的传略中也提及修葺金衢会馆之事，可见两人交往很深，而金衢会馆也属他们共同创办，实际上以金衢两地的药商为中坚。我们这次的诸葛之行，目的就是想挖掘兰溪药商和衢州药商的关系情况，首先当然要从诸葛家族和余氏族人的交往入手。

诸葛村属兰溪市诸葛镇，和龙游县的横山镇相邻，有龙葛公路（龙游—诸葛）相通，从龙游县城出发，半个多小时就到。五代后周广顺二年（952年），诸葛亮第十四世孙诸葛涑任睦州寿昌（今建德市寿昌镇）县令，其子诸葛青至兰溪砚山下定居。传至二十七世孙诸葛大狮，复迁居于高隆岗，至明代中叶形成

诸葛村丞相祠堂

近千户的大村落,村遂以姓氏为名。现在村中有诸葛族人2 000余人,成为全国最大的诸葛亮后裔聚居地。村落布局按风水学原理设置,人工建筑与自然环境内外协调,200多座明清古建筑保存完好,1996年被列为全国重点文物保护单位,2005年被评定为国家AAAA级旅游风景区。

据2013年5月版《兰溪市志》第618页记载:

> 明、清以来,兰溪中药业向外扩展,兰溪人在外地开设的药店不下500家,从业人数达5 000人以上,远及陕西、山东、江苏、香港、广州等地,近则福建、江西、安徽及本省所属各县,形成"兰溪药帮"。清顺治七年(1650),诸葛钟杰在江苏镇江成立兰溪药业同乡会。诸葛锵(棠斋)(1844—1990),于同治二年(1863)创办"天一堂"。"时港禁初开,洋商航集东南",他看准时机,于光绪初在上海、广州、香港、牛庄(辽宁海城)开设外贸公司"祥源庄",经营内地中药材、中成药和洋广药材,"运输贸易半中国",业务扩大到港、澳地区和南洋各国。光绪二十六年,诸葛锵逝世,其子诸葛韵笙继承父业,进一步扩大内外贸易业务。《中国商务志》第四章载:兰溪药商从牛庄(辽宁海城)输出日本药材4 046两。

在2013年5月版《兰溪市志》第1492页,还载有兰溪人、清初文学家兼戏曲家李渔撰写的扬州兰溪同乡会馆对联,是宝贵的商业史资料:

> 一般作客,谁无故土之思,常来此地会会同乡,也当买舟归瀫水;
> 千里经商,总为谋生之计,他日还家人人满载,不虚骑鹤上扬州。

据负责接待我们的《诸葛村志》主编、诸葛亮第五十代裔孙诸葛议(润林)和副主编、"诸葛祭祖非物质文化遗产传承人"、诸葛亮第四十八代裔孙诸葛坤元介绍,诸葛村位于兰溪西部,处兰溪、建德、龙游三县市的交通咽喉。这里人烟稠密,物产丰饶,村民崇尚商业,并不认为经商是"末艺""下等",明确主张"兴商致富","读书贵矣,但农工商贾,各专一业,便为孝子慈孙"。有这样一种地理环境和崇商氛围,其商业的发展也就很自然了。

诸葛村中药业的形成和发展既受"不为良相,便为良医"祖训的影响,又受地缘环境和社会经济变迁多重因素的作用,开创了一条别具一格的经济发展之路,赢得了"徽州人识宝,兰溪人识草"的美誉。

诸葛药业的发展始于明代初年,盛于明末清初。清代康熙、雍正、乾隆三朝,诸葛村半数以上男丁从事中药业,其中不乏脱颖而出者。他们四处开设药店,创建药行,在江南各府、县、镇通过独资与合资的形式,创建药店200多家,其中著名的大药号就有苏州的文成、如皋的实裕、温州的集丰、丽水的生生、福鼎的恒山等。清代同治二年(1863年),诸葛棠斋在兰溪创办"天一堂"药号,生意兴隆,其子诸葛韵笙接管"天一堂"后,经营规模进一步扩大,年营业额在

瀫西药业会所(原载2013年版《兰溪市志》)

四万银元以上，并在上海、广州、香港创办祥源、祥泰药号多家。

明清以来，兰溪药业向外扩展，谋生立业者遍及大江南北。兰溪人在外地开设的药店不下500家，从业人数多达5 000以上，远及陕西、山东、江苏、上海、香港、广州等地，近则福建、安徽、江西及本省的温州、丽水、衢州、杭州、金华的所属各县。他们师徒相带、亲邻相带、父子相承、代代相传，形成"兰溪药帮"。而在兰溪药帮中，又以诸葛氏子孙占多数。《高隆诸葛氏宗谱》卷首载祝谏撰《高隆诸葛氏重修族谱序》说："吾兰药业，以瀫西为著名，而瀫西药业又以诸葛为独占。以余闻之，有清中叶苏州之文成、咸同间扬州之实裕，俱有声于时。除杭州胡氏庆余、叶氏种德外，当屈一指。棠斋、韵笙父子，先后济美，长驾远驭，设祥源于沪上，南则广州、香港，北则津沽、牛庄，运输贸易半中国。即就兰论，天一药肆，驰名浙东，历百余年而生理勿衰。"清乾隆九年（1744年），由诸葛氏捐资为主，在兰溪城内天福山上建成一座拥有1 158平方米，飞檐重阁，雕梁画栋，气势恢宏的"瀫西药业公所"（位于现兰溪城关延安路牛角尖），俗称"药皇庙"，标示着兰溪药业的成就，同样也显示诸葛氏药业已发展到一个新水平。

当话题转到和龙游的关系时，诸葛议先生特别指出一点，他说清咸丰年间太平天国战争期间，当时才18岁的诸葛锵偕家眷外逃，由临浦而至江淮。不久他回乡集堂兄弟及亲戚20余人，避居龙游的新宅村（今属龙游县横山镇），战乱平息后才回诸葛。关于和龙游余氏家族的交情，诸葛议说早年的事他也不清楚，毕竟这么多年时间过去了。关于余绍宋，他说诸葛源生和金华的王廷扬、义乌的朱献文交情深厚，而这两位也是余绍宋的朋友，因此和余绍宋的交往也是很深的。诸葛源生酷爱文史、书画，余绍宋当有书画作品相赠，只是未能得以保管和流传，深为可惜。

他们还拿出珍藏的1939年由诸葛商会发行的内部流通的锡质钱币，供我们观赏。锡质钱币直径26毫米，正面为"民国二十八年一分"字样，背面为"诸葛商会暂时流通"字样。
说明当时诸葛商会的信誉
和市场认可程度之高。

诸葛商会发行的锡质钱币

远在清初,兰溪商人
就来衢州经营药材业,经
过扩展,药材业逐渐发展
至衢县、江山、龙游、常山、
开化五县及其各乡镇。如衢县高家的诸葛懋生堂、大洲的童万源堂、杜泽的胡
培元堂、上方的徐葆生堂,都是兰溪人所开设。当时城乡药店老板和店员大多
是兰溪人。即使老板非兰溪人,店员亦多雇用兰溪人。

在历史上的水运年代,由于兰江下接钱塘江,上接衢江和婺江,兰溪一直
是浙江省中部和西部的交通和商业中心,被称为"小小金华府,大大兰溪县"。
而且兰溪县和衢州府陆地相邻、水路相通,是龙游商帮商贸运输的出口,和龙
游商帮的关系一直相当密切。除了药业以外,其他的商业活动和衢州的联系
也是相当全面和广泛。龙游历史上有两家百年老店,一家就是滋福堂药店,和
兰溪的关系前面已讲到;还有一家姜益大棉布店,开始由龙游姜姓人经营,由
于经营不善,在兰溪胡姓商人的指导下,生意才逐渐兴旺。姜氏由于欠胡氏债
务,后来就将股份卖给胡姓经营,终成龙游棉布百货业的龙头老大。由于胡姓
人讲究情义,一直沿用"姜益大"的招牌不改变。

陈学文先生在其所著《龙游商帮研究:近世中国著名商帮之一》的第三章
《龙游商帮的诞生和发展的历程》中说:

> 毗邻龙游的兰溪县,"水陆冲要,南出闽广,北距吴会"。故明人张瀚
> 《松窗梦语》就把浙西诸府连成一体,认为是有共同的经济体系,他说:"严
> 衢金华郭郭徽饶,生理亦繁。而竹木漆柏之饶,则萃于浙之西矣。"(《松窗

梦语》卷四《商贾记》)其实张瀚还扩而大之,把浙西与毗邻的皖、赣作为一个经济区域来界定是很有道理的。在这个区域内经济结构基本相同,是徽商、江右商、龙游商三大商帮诞生、活跃的地区之一。

因此我们认为,龙游商帮中应包括兰溪商人,或者就称之为"瀫水商帮",也就是衢江流域的商帮。

第三节　走访商帮"专业村"

龙游县塔石镇童岗坞村

童岗坞村属塔石镇,位于龙游县北部,地处黄土丘陵,区域面积2.83平方公里,有耕地73公顷、林地16.2公顷,辖7个自然村,9个村民小组,有村民518户1 428人,经济发展情况一般。其中的童岗坞自然村以童姓为主,据民国《龙游县志》卷四《氏族考·桐冈童氏》记载:"其先寿昌杜田村人,元时有行珍四者,佚其名,于至正八年来县北之桐冈,赘于胡氏,以妇家为家,遂于此长子孙焉。至今凡二十世。"历史上的童氏族人富有经商传统,前面提到的那几位童姓珠宝商和书商童彦清、童珮父子,都是童岗坞人,童岗坞村也就成了反映龙游商帮的一个代表性村落。明文学家王世贞(1526—1590年)在其所撰《童子鸣传》中说:"龙游地呰薄,不能无贾游。"[1]以今天的眼光来看童岗坞村,也还是如此:尽管村中的房屋基本以砖混结构的楼房为主,说明改革开放以来经济发展,村民的居住条件有很大程度的改善,但观其环境,周围均是黄土丘陵,确实很有点"地呰薄"的味道。如果去和我们去过的广东南海平地村相比,那差距就很大了。至于当今的"贾游"情况,却也很是一般,没有什么亮点值得记述和展示。对于先祖们创造的历史辉煌,这些童氏的后代们也不甚了了,讲不

---

[1]《弇州续稿》卷七十二。

童岗坞村

出什么具体情况。

好在村中至今还妥藏一部1946年重修的《桐冈童氏族谱》。族谱始修于明隆庆三年（1569年），此后直至民国三十五年（1946年），先后10次重修，可谓流传有序，记载完备。隆庆三年已是龙游商帮趋于鼎盛时期，这个时期童氏族人的经商活动已相当活跃，族人也就有了余资来编修家谱。而且童氏族人所编家谱不像一般谱牒专注于读书做官之类陈套，而注重商业史资料的保存，史料价值甚高。

其实童岗坞童氏之始迁祖珍四公，就具有商业头脑。《桐冈童氏族谱·珍四公传》说："公世居寿昌杜田，曾九公六世孙，宣六公之长子也。元末丧乱，赋繁役重，至正八年避地来此，赘于胡氏之家。携有赢资，就此经营鱼盐菽粟、布帛之货，锐意生殖，渐致富饶。洪武初年，编为龙游土著之民。"可见童氏族人原本就有经商传统，是靠经营商业得以在龙游立脚开基。其族谱的《宗规十条》中，就明确指出："士农工商，各有常业；九流艺术，亦有专家。""为商贾者修其职业，朝秦暮楚，不畏风霜，早晚拮据，不辞劳苦，自然倍获利息，囊橐充盈，陶顿之富可身致也。"同时还强调按时给供赋税："吾人固赖国家保护，而国家为保护人民之一切措施，则端赖于赋税，是国家所以取之于民者仍用之于民也，吾人又安可不遵限输将乎？谚云'若要宽，先解官'，盖官粮一输，而吾可安居乐业晏然无事矣。"在重农抑商的传统社会，如此见识是难能可贵的。而童氏族人中那些敢于经商、善于经商的族人，也无愧为珍四公的孝子贤孙。

宗谱中有《桐冈地舆图记》一篇，记载村庄环境："桐冈坞去龙邑三十里，在灊水之北，称灊水乡，童氏之故里也。其西有杜山，峰峦秀丽，林壑尤美……其枝峰漫壑从东而来，迤逦盘曲而成坞，坞中有冈，曰桐冈。坞前为水田，阡陌颇广，实里人之先畴。田间有沟泉，源出杜山，旱潦将其蓄泄，农人称水利也。"可见在当时农耕社会的背景下，童岗坞的自然环境还是不错的。而在《桐冈童氏族谱·存五七公传》中，则透露了童氏族人的经商信息："龙游地瘠硗，罕蓄聚，必贾游乃可资生。"说明耕种田地最多混个温饱而已，唯有外出经商，才能致富。因此在族谱中颇多族人经商的记载：

童存梓，"随父贾于吴中，贸迁有无。心计周恭，舟车水陆之间，初不烦父力料治也"。

童永良与弟童永康，在广州、福建一带经商致富，"贸易闽广，获利倍蓰，遂成富有"。于是广购田庄，还专门在衢江北岸码头茶圩建造粮仓12间，厅堂、马房、灶房等9间，是规模不小的粮商。

童庆，"遭粮役之累不能远出经营"，由于经营有方和吃苦耐劳，"惟就本处觅蝇头微利。累少为多"，最终也成当地富户。

童富是一位书贾，"往来闽粤，贸迁有无，所获之息可给数口，故产虽微而家不乏。及有子克家，更僦舍上海，大肆铺张，多财善贾，遂致殷富"。

童缨可，"幼业儒，年十四即孤，家徒四壁……训蒙以自给。会甲寅兵变，从王守备于闽城，遭时不利。转而为兴贩之事，运盐广信，卖药江西"。

童渴渴，"继承世德，安乐无虞。本分经营，不能丰殖，亦不失为良贾后嗣"。

童福六，"承破落之后，失其本业。辛苦营生，觅蝇头微利以自给。为余积渐，筑室成家，人称其能再造焉"。

童锦，"清节律已，厚德处人。虽涉利途，无义之财一毫不取。家规修整，资财不足，礼让有余"。

童氏商人四海为家奔波于全国各地，多得力于家庭中母、妻的支持，这种妇德亦多值得赞扬。如童盛川长期在大同、宣府经营边贸，妻子龚氏操持家务，使童盛川无后顾之忧。龚氏"性不骄奢，躬行节俭。精修之食、洁素之衣皆自手过，薄于自奉，而丰于宾筵；慈于子妇，而严于儿女。家人无嗃嗃之忧，亦无嘻嘻之失，良人家道之成，其内助之贤也。厥后子孝孙贤妇和女正，家风为一时之最。"[1]童巨川嘉靖初在宣府、大同经商，其妻胡氏"富而能俭，老不倦勤，德施于人，而若忘劳。先以身而不伐，心本仁慈而又济以和缓之性，母仪妇道皆为族所首推，寿八十二与君子偕老，盖有德以为福之基也"[2]。童氏族谱能注意这些商人妇事迹的记载，是很有见地的。因为在每一个成功商人的背后，都有一个成功的女人为其作出奉献和支撑。

龙游县溪口镇下徐村

下徐村属溪口镇，位于龙游县南部山区，区域面积16.5平方公里，有耕地150公顷、林地1 358公顷，27个自然村、21个村民小组，有村民648户1 954人。因有笋竹之利，经济条件较好。下徐村2008年由下徐、步坑源、步坑口3个行政村合并而成。步坑源为灵山江支流，源出海拔834米的石柱顶西岸之石排岗，曲折北流至步坑口入灵山江，全长6.4公里。高山清涧，村民居随步坑源溪两岸

---

〔1〕〔2〕《桐冈童氏族谱》卷三《行传》。

散布。历史上的步坑源村和步坑口村,称得上是土纸生产专业村。

清光绪初年,有徽州府歙县叶姓人,时旅居衢州府城经商,得知步坑源资源丰富,有开发之利,遂于三春时节亲往该源察看,果然名不虚传。乃于次年在该源创办纸槽,利用山中毛竹,经营土纸生产。后经营者渐多,其中较著者有以下几家:

咸吉号,创于光绪中叶(约1891年),有纸槽两条,一在朱家槽,一在马洋殿,前者生产南屏,后者生产花尖。此槽年产量为南屏1 500件,花尖1 000件。

徐金渭号,创于光绪十三年(1887年),址在傅家。槽主为江西省上饶县人徐盛泰,后由其子徐金渭经营。生产南屏,年产量为2 400件。

洪肖记号,创于光绪初(约1877年),址在高里坑和白羊坞二处,槽主为汤溪县青阳洪人洪承鲁,后由其子洪初吉经营。生产南屏,年产量2 000件。

傅万成号,创于光绪末年(约1905年),址在下半坑,亦称新槽。槽主为灵山镇人傅万成,后由其长子傅凤悟经营。生产南屏,年产量1 500件。

叶振大号,创于同治初(约1863年),址在上半坑,亦称老槽。槽主为徽州籍旅居衢州的叶振大,后由其子经营。生产南屏,年产量2 000件。

陈大田号,创于光绪中叶(约1891年),址在独树桥、黄纸槽二处。槽主为江西省上饶县人陈吉勋,后由其子陈大田经营。独树桥生产花尖,年产量1 500件;黄纸槽生产黄尖,年产量1 000件。

陈大昌号,创于光绪初(约1891年),址在坑子铺。槽主为陈吉勋之弟陈吉朝,后由其子陈大昌经营。生产花尖,年产量1 500件。

叶振兴号,创于光绪初(约1877年),址在马洋殿。槽主为叶振大之弟叶振兴,其后由子经营。生产花尖,年产量1 500件。

叶泰兴号,创于光绪初(约1877年),址在石排岗。槽主为叶振大弟叶泰兴,其后由子经营。生产花尖,年产量1 500件。

为了便于水路运输,紧临灵山江畔的步坑口村还设有堆栈。各槽主用人工肩挑土纸来堆栈寄存,以便船筏运输外地销售,当时步坑口设有堆栈三处,专供步坑源各纸号使用,它们分别是傅呈祥栈、蓝敏寿栈、蓝清泰栈。

长长源道纸槽林立,当时自源口的朱家槽开始,依次往内即有傅家槽、高里坑槽、下半坑槽、上半坑槽、白洋坞槽、坑子铺槽、独树桥槽、麻洋殿槽、石排岗槽等。各槽互相竞争,纸业蒸蒸日上,一时龙游屏纸名闻遐迩。

徐盛泰为江西省上饶县灵溪乡新昌村人,生于清道光二十六年(1846年),家中贫苦,十六岁时习剃头行业,二十二岁时独自来龙游步坑源等地纸槽习造纸,曾给叶振大做槽工,为人忠厚,干活认真,深得槽主信任。盛泰克勤克俭,积蓄了一些钱。光绪十三年(1887年),适有傅家的一条槽槽主无意经营,拟转让他人。盛泰即凑足银钱购买。此后,盛泰苦心经营,销路打开,生产蒸蒸日上,乃将原用一个槽桶改为用两个槽桶,产量又提高一倍。他日与槽工同劳动同生活,吃的是粗菜饭,穿的粗布衣,从不摆槽主的架子,槽工称赞他:"一点看不出这是槽老板。"民国三十一年(1942年),盛泰由于平日操劳过度,清明节前数日患病去世。其子徐金渭继承父业。

徐金渭,民国七年(1918年)生,幼从父习造纸,精通"每脚生活"(即每项操作技术),自己参加劳动,紧抓质量。每年农历正月廿边起槽(开工),六月半放槽(放暑假),七月半起槽,十二月廿边放槽,二个槽桶每月出纸240件,年产量达2 400件。销路好,资金周转快,每月付清槽工工资,槽工均乐意到他的纸槽做工。

经营纸业,从竹林培育抓起,在冬笋大年的七八月份,就要雇工劙山,把竹山中的灌木与茅草全部砍光,平均每亩4工承包,每工付银洋0.5元。毛竹大年,过了立夏,就要上山圈"竹娘"(留种的嫩竹),选粗壮的嫩竹用烟煤在竹竿上画一通环形,标示竹娘身份。圈过竹娘,就雇人上山砍竹丝(做造纸原料的嫩竹,俗称竹丝)。砍竹丝要掌握时机,砍得早,竹太嫩,出浆率低;砍得迟,竹老了,腌不烂,纸质就差。所以在小满前一定要砍完。剖竹丝的时间就更加紧迫了，如不及时剖完入塘腌制，就要烂在山上。而剖竹丝时，正当农忙季节，所以早在头年冬天，槽主就与雇工签订协议，预付定金。剖竹丝实行计件工资，并按竹山与料塘的远近制定定额，一般有800斤（每工完成）、900斤与1 000斤的，俗称8担头、9担头、10担头。接下去就是腌竹丝了，最大的料塘可腌竹丝6万斤，小的可腌0.6万斤。槽主都亲自指导精心腌制，腌制的竹浆都是优质的。洗竹丝最艰苦，工人要在齐腰深的石灰水里操作。要求也是严格的，要给工人双倍工资，每工银洋1元。抄纸是个技术活，槽主要求抄纸工人抄纸时双手要端平，从水中慢慢捞出，速度要适当。快了端起时，水流会冲掉纸浆，纸不完整或厚薄不一致；慢了，纸太厚，既费料，纸质又差。抄纸工是非常辛苦的，双手成天泡在水里，寒冬腊月，冻得红肿，往往捞三四张纸，就得烤一下。抄纸工冬天难受，焙纸工则是夏天难熬，夏天汗流浃背，还得在焙笼前操作。焙纸，七八张一起焙，先把每张湿纸批开一角，焙干了揭下一张张分开，要求一边点数，一边剥去破纸。为了纸号的招牌，槽主也是严格把守质量关的。

纸张主要销往杭州、上海、南京、常州、常熟、苏州以及烟台等地。由于纸质不错，步坑源出产的纸张亦属名牌产品，常有各地纸商直接到槽主家里订货。当时每担纸售价银洋7元，工本费约6元，每担纸可赚1元左右，利润也是不错的。

陪同的村主任告诉我们，由于步坑源村村民的祖上不少是原先的槽主或槽工，所以以外地人为多，有江西上饶人、广丰人、玉山人、福建上杭人、浙江文成人、汤溪人、江山人等等，江西人最多。定居在此已三代以上，老辈们互相之间还讲几句家乡话，以慰乡愁，年轻人虽然听得懂，却不能完整地使用了。

热心的村民还告诉我们，抗日战争时期，纸业大受影响，为了供应后方印刷需要，咸吉号的朱家槽改为生产书报用纸，当时有衢州人王先生、李先生专门驻村负责技术指导。由于纸张漂白能力欠缺，生产的纸张呈淡绿色，被称为"绿报纸"。虽然纸质尚欠理想,因解决了书报用纸的困难,在当时是很受欢迎的。

　　据村主任说,进入民国后期,由于受到机制纸的冲击,步坑源村的纸业生产开始没落,不过零零星星的生产却也时起时伏地一直延续着。直到2005年,为了解决造纸污染,县里规定停止一切土纸生产,关闭所有纸槽,这里的土纸生产才最后终止。

　　龙游纸商视质量为生意发展的生命线,为了保证信誉,每条纸槽的产品都要打上自己的纸印,这纸印也就成了各纸槽的招牌。旧时龙游几百个纸印中,傅立宗是首屈一指的名牌。傅立宗纸品纸张既薄又匀,白净、挺韧,同样一件纸,张数、刀数、长阔尺寸相同,重量却比别人轻5公斤多,故而畅销大江南北,被客商视为抢手货。傅立宗的老板傅家来从祖辈就从事造纸业,是当时的造纸大户。由于傅立宗的牌子硬,销路好,各地纸槽也纷纷用起傅立宗纸印来。为区别真伪,傅家来儿子傅汉机又在自己的纸印上加"西山"两字,成为"西山傅立宗",傅家来兄弟傅家谟在自己的纸印上加一"行"字,成为"行傅立宗",经登记注册,取得了商标权,别人才不敢冒名。庙下乡浙源里村的"黄宾顺"也享有相当的声誉,该牌子由两兄弟所创,为了有所区别,后来又另加"老"字和"正"字的圆形纸印,"老"为兄所产,"正"为弟所产。当时用"黄宾顺"牌子者颇多,但这"老"字和"正"字,别人是不敢用的。

　　当我们就这个问题向村民打听时,一位

纸印

做槽工出身的老人告诉我们,步坑源村的纸槽大部分都用"傅立宗"的纸印,当然,还得加上和别人表示区别的文字,至于"西山傅立宗"和"行傅立宗",是不敢用的。只有徐金渭号用"黄宾顺"纸印,为了有所区别,还在"黄宾顺"纸印旁加上"金渭亲自督造"的小长方印。目的就是为了得到顾客的信赖,可见纸商们的商标意识是很强的。

龙游县石佛乡三门源村

三门源村属石佛乡,位于龙游县北部边陲,地处丘陵,区域面积7.85平方公里,有耕地109公顷、林地584公顷,辖10个自然村、9个村民小组,有村民504户1 422人,经济发展情况一般。其中的三门源自然村以叶姓、翁姓为主。翁姓于北宋宣和二年(1120年),为避方腊之乱,从寿昌迁入;叶姓于南宋咸淳六年(1270年)从松阳卯山道坪乡入赘纪氏定居,民国《龙游县志》卷四《氏族考》有"三门一族,谓出梦得五世孙文彬,于宋咸淳六年,由松阳卯山道坪乡迁居三门源之黄里坞"的记载。据村民介绍,叶氏先从松阳卯山迁居寿昌,和三门源村仅一山之隔。始迁祖在寿昌还有一个弟弟,兄弟二人都是靠长途贩运起家的富商:两人联手经营,把当地的土产销往外地,又将外地物品运回来,生意做得十分兴隆。为了扩大规模和增加经营中的机动性,所以就由老大迁居三门源。三门源临近通往江西的官道,又有支流可通衢江,便于和外界联系与沟通。而弟弟则留在一山之隔的寿昌,兄弟俩山里山外互相呼应,龙游、寿昌两地通盘经营,生意越做越大。

三门源村位于龙游县与建德市交界的梅岭关下,距离县城28公里,背靠千里岗山脉的饭甑山,三面山峦环护,历史上在村南山口建有三座寨门,又有一泓溪水汇集周围诸山的涧流在村北会合,迤逦南行,成为塔石溪的源头,故称三门源。翁、叶两姓人家以流经村中的碧溪为界,各居东西。翁氏以农耕文化为背景,叶氏以商业文化为背景,他们在摩擦中生存,在抗击自然灾害的斗争中团结,在攀富炫财中创造了三门源村辉煌的历史文明和精美绝伦的传统建

三门源村

筑。陈学文先生在讲到龙游商帮的投资去向时说：

> 龙游商帮从事经商活动积累了大批资金，在明清时期投资环境并不是很好，明清两代政府经常实施海禁政策，国外市场难以畅开，国内缺乏大型工矿企业、新兴工业等可供投资，投资条件受到很大限制。虽然国内已有大小商品市场及其网络，但大都限于生活消费品的商品市场，如粮、茶、盐、丝绸、棉布等，纸张的商品市场还很有限，龙游商帮如同徽商只能将资金投向社会性慈善、文教事业或宗族性的建宗祠、修谱牒等方面去，扩大再生产的范围很有限。[1]

[1] 陈学文：《龙游商帮研究：近世代中国著名商帮之一》，第94页。

正因如此，在龙游乡间，至今还完好地保留着一大批以明清两朝民居、宗祠为代表的古建筑。这些古建筑数量众多，装饰精美，种类齐全，是我国江南民居建筑的代表，也是龙游县特有的人文景观和历史瑰宝，更是当年龙游商帮的物质遗存，以其建筑之美和装饰之考究，向人们诉说着当年那段"遍地龙游"的辉煌历史。在这些保留下来的古建筑中，有全国重点文物保护单位7处，有浙江省文物保护单位16处29点。由于古建筑众多，其与山水风光完美结合，全县有中国历史文化名村1处，浙江省历史文化名村3处。在衢江以北的区域，由于历史上"北乡之民，率多行贾四方，其家居土著者，不过十之三四耳"，因此这些保留下来的古建筑，也大多集中于龙游的"北乡"为多。散布于乡村田野中的明清建筑，依然在历史的岁月中守望着古风遗韵。在星罗棋布的村落中，三门源村无疑是最具代表意义的古村落，展示着龙游地方文化的历史底蕴，演绎着明清时期全国十大商帮之一的龙游商帮的历史辉煌。巨商富贾荣归故里，大兴土木，传统的建筑因财富的倾注而熠熠生辉，建筑环境因神话传说而扑朔迷离，山水风光因建筑的点缀而更为秀丽，三门源就是这么一个传统建筑与自然山水和谐相处的经典之作。村中的众多古建筑和巍峨壮丽的饭甑山、飞流激湍的白佛岩飞瀑相依相偎，互相映照衬托，使三门源村获得"中国历史文化名村"的殊荣。

三门源叶氏建筑群为全国重点文物保护单位，是我国江南地区现存清代民居中的代表性建筑。该建筑群建于清乾隆年间，主人是龙游商帮的领军人物之一叶庆荣，以经营纸张、山货而致富，足迹遍布大江南北。《叶氏宗谱》赞曰："居室师卫国之荆，苟完苟美，一时品拟圭璋，千载名闻闾里。"他不经意间的一次营造工程，成就了其所在时代的建筑特征，也成就了江南山区的代表性特色民居。

叶氏建筑群坐东朝西，背靠虎山，前临溪水，砖木结构。主体建筑原为五幢，现尚存三幢，呈品字形互相连通。以大门匾额为名，由"芝兰入座""荆花

叶氏建筑群砖雕

永茂""环堵生春"三座主体建筑和附属用房、庭院、花园、荷花塘组成,占地面积4 500平方米。其中以"芝兰入座"规模最大,建筑尤为考究。

"芝兰入座"为典型的清代"三进两明堂"结构,整体风格纯朴,气势恢宏。屋内设两重天井,山墙不开窗户,天井除用作引流排泄雨水外,也起到采光通风的作用,更体现了江南大户人家"隐藏文化"的建筑理念。举目而望,木雕装饰极尽豪华,从檐柱上部雕有"亭台楼阁"的牛腿,到屋檐下方的窗台隔扇,处处精雕细琢,构图匠心独具,人物呼之欲出,就连阁楼底下的天花、藻井,也是木雕遍布,精细绝伦。

叶氏建筑群最不同凡响的是砖雕门楼,被誉为"江南一绝",不仅开创了戏曲砖雕门楼的先河,也为当地后来的民间戏曲砖雕工艺树立了典范。门楼全以砖雕砌成,亭台楼榭、山水花鸟、飞禽走兽精雕细刻,巧夺天工,称得上是砖雕之最。有山水风光,有"渔、樵、耕、读""蝠(福)、鹿(禄)、桃(寿)、鹊(喜)",也有八洞神仙、琴棋书画和博古图等。尤以地方戏曲题材最引人注目,其中《打金枝》《长坂坡》《三气周瑜》等二十三出戏剧场景,人物形象古朴传神,构图洗练,手法精细,已有二百多年历史,为研究地方戏曲提供了宝贵的资料。

宗祠是家族用于聚会和祭祀先祖的地方,也是家族内举行重要仪式和进行传统伦理教育的场所。翁氏宗祠又称"雨金堂",为明早期建筑,三进二开间,取材讲究,由于年代久远,尚存二进。叶氏宗祠又称"永思堂",前后三进,保存完好,系明中期建筑,门楼八字形重檐歇山顶,飞檐翘角,雄伟壮观,大门两旁的旗杆石庄严肃穆,在无声地张扬着以往的荣誉。整体布局简洁明快,建筑构架粗犷豪放。硕大的柱子撑起造型独特的穹顶,卷棚宽达四米,工艺不凡。

小溪西面有一条小弄,两侧古建筑依弄而建,好比能工巧匠展示技艺的竞技场。飞檐翘角错落有致,粉墙黛瓦相辅相成,年代久远的门檐彩绘诉说着人们对美好生活的向往,也可见先人在色彩使用上的成熟和大胆。

在这古老村落中,"楼上厅""三层楼""楼接地"等明清建筑的各种模式精彩纷呈,仿佛多姿多彩的建筑博物馆。

楼上厅结构楼屋为明代早期建筑形式,传承了中国古代干栏式建筑的遗风。这种建筑楼下结构简单,无任何雕饰,楼上恰恰相反,梁架结构规范、工整,雕饰考究、华丽,这是由于当时待客及主人起居皆在楼上的缘故。

在靠近山脚的地方,人们就把山体纳入房屋结构之中,一楼是紧挨着山体的狭窄通道,二楼就建在山体的平台上,由此形成了"楼接地"的建筑特色。

在一条小里弄中,可见高墙内保存一幢明代早期的三层楼屋,整体建筑高10米,外观气度不凡,二楼、三楼均为木质楼板,用材考究。让人自然联想到,在当时农耕社会的年代里,房屋的主人似乎是有意地在炫耀财富。据考证,此类建筑已非常稀有,可谓古楼珍品。

其他还有"走马楼""前厅后楼",前矮后高的"错层楼""四角亭"等形式多样、造型独特的古建筑,真可谓集龙游古建筑之大成。

三门源的美,美在流畅,美在和谐,大自然的神奇造化和清丽古朴的人文环境在这里互相渗透映衬。不是亲眼所见,我们这些现代人是无论如何也不会相信,古人居然能不遗余力地为自己打造这样一个美好的生活空间,有如此的审美情趣和对美好生活的执著追求。这一切以事实告诉我们,那些龙游商帮的先人们,不但有能力为自己创造物质的财富,也以不俗的文化水准,来丰富自己的精神追求。

龙游县大街乡大街村

大街村是大街乡政府的驻地,位于龙游县南部山区,区域面积3.57平方公里,有耕地112公顷,林地172公顷,辖13个自然村、15个村民小组,有村民344户979人。因有笋竹之利,经济条件较好。大街古名潼溪,因溪而得名,南濒潼溪,背靠铜钵山,整个村落缘溪岸沿山麓依势而建。村南侧的街道呈东西走向,溪岸均用卵石驳砌,曲折而悠长,足有2公里。明清之际,这里是龙南重要的货物集散地,商贸繁盛,店肆栉比,人流熙攘,所以称为"潼溪源大街",后逐渐简称为"大街"。村落的东首,有一座古建筑,人称"傅家大院",宏规巨制,布局严谨、工艺精湛。

傅家大院是清光绪十年(1884年)由傅氏修建的私家豪宅。建筑呈东西向布置,主体建筑为三进五开间,前后进分别置天井,前厅后楼布局。主体建筑的南北两侧各附建重廊,南廊七间,北廊八间,大门东南首置台门。整座建筑占地1 070平方米,建筑面积1 824平方米。院落结构合理,厅堂厢房、附属建筑布局有序。

据民国《龙游县志》卷四《氏族考》记载:"清雍正间,傅暹自上杭迁居县南三十四都二图白坑科里,为其始祖。暹字一升,高宗南巡两觐天颜,获赐绢、绵、米、肉、银牌,时以为荣。其支庶繁衍,来往闽浙间,分隶两籍。"又说:"咸丰间,乡饮者宾傅诒,字久德,始自白坑分居潼溪上街,为其始迁祖。"可见傅氏先祖原居距大街村5公里外白云山巅的科里村,因系豺狼虎豹藏匿之地,称窝里,

傅家大院

因"窝"与"科"方言谐音,遂雅称科里。其先祖则为福建上杭人,清雍正年间,看好科里优越的地理环境和丰富的毛竹资源,举家迁来创业。《傅氏家乘》如是记载:"傅遑,字一升,号尧异,康熙三十年辛未八月初五生。公自雍正年间经营,来浙衢龙南乡科里居住,为其始祖。"迁来后,傅遑利用这里得天独厚的自然条件,建造纸槽,生产竹浆纸,成品有黄笺、白笺和南屏纸。产品不但远销钱塘及苏宁地区,而且成为全国最高学府——国子监的纸品供应商。据《傅氏家乘》记载,货船"航进泮时,蒙朱学院旌奖匾书'龄引期颐'四字"。

至清乾隆年间,傅遑的家族产业已发展到拥有竹山数千公顷,纸槽十余条,槽工、杂工近千人,年产成品纸数万担,成为龙游商帮中的一代巨擘。据《傅氏家乘》记载,傅遑"乾隆间生逢盛世,幸遇高宗纯皇帝南巡,二次恭诣杭州接驾,两觐天颜,叠蒙圣恩,御赐八品顶戴,绢、绵、米、肉、养老银牌"。作为一个平民商人,能得到皇帝的如此眷顾,确实不简单。按照当时的规定,要想觐天颜,需按例进奉一大笔银两作为"孝敬",能够参加此类活动的都是当时巨商,可见傅暹的实力已相当可观。

至道光年间,傅氏的一支又从山巅迁至白云山麓的山后村。地域的扩张,显示着事业上的又一次飞跃。傅氏奠基造屋,开设纸槽,进一步扩大产业。村名也从"山后"改名为"新槽",意思为新建的纸槽。

咸丰初,科里傅氏家族再次分支迁徙,以傅诒(字久德)为首,带领傅氏一支迁居潼溪,在潼溪源大街开设纸行、药行、百货商行,批零兼营,事业有了更大的发展。

光绪七年(1881年),傅诒次子、贡生傅乃赓,凭借雄厚的财力,展示其胆识和胸襟,开始大兴土木,修建傅家大院,历时三载有余,光绪十年(1884年)告竣。大院落成后,傅乃赓在大门正厅上方挂上"贡元"匾额,又在中进中栋下方挂上旌奖祖宗的"龄引期颐"匾,表示不忘祖恩。命名后进安奉堂为"德馨堂",希望以祖德芳香影响子孙后代。《傅氏家乘》对乃赓有这样的评价:"英敏之才,正直之质;交友惟忠,行已惟一;重义轻财,公平贸易;建造华堂,宏开基业。"

龄引期颐匾额

以大街傅氏为代表的傅氏家族，有清一朝历经八代，艰苦创业，不断发展，成龙游商帮史上的一面旗帜。保留至今的傅家大院，便是这一切的实物见证。

像傅氏这样因经商而定居龙游的事例，实际上是很多的。如步坑源村的槽主，大部分都是外地人，尤以江西人为多。又如，"上塘林氏，其先上杭县白沙塘村人，清乾隆间，林琼茂偕其弟祥茂、品茂，同来县南经营纸业，遂奠居焉。祥茂、琼茂居贺田，品茂居墈头。品茂之孙巨伦积资累巨万，遂于墈头建祠，联合贺田之族创修宗谱，凡六卷，时咸丰三年也。"[1]纸商如此，其他商人也如此，在龙游留存的族谱中，讲到先辈迁徙情况时，"因办纸槽定居""因商定居"之类的话是很多的。

对于这个问题，陈学文先生在其所著《龙游商帮研究：近世中国著名商帮之一》的第六章《龙游商帮的特点》的第二节《融进其他商帮》中，有专门论述：

> 在龙游县还有许多外籍商人寓居于此，表明了龙游商帮并不是完全具有排他性，反而善于吸收、融合其他商帮于其中。外籍商人还把各自经商的经验带到龙游商帮中，整合了龙游商帮的经商机制，从而推进了龙游商帮的发展，择其要者有徽、闽、赣以及宁绍商帮。
>
> 徽商程廷柱于康［熙］雍［正］年间（1662—1735）率三个弟弟在浙经商，后成为金、衢二府的富豪。程廷柱（1710—1781），字殿臣，号瑞斋，国学生，"自幼豁达，卓有立志，厚重少文锦"，先在玉山经商。二弟廷柏经营兰溪油业；三弟廷梓坐守杭州，分销售货；四弟廷恒往来江汉行商；廷柱总理商务。后他们又"创立龙游典业、田庄，金华、兰溪两处盐务，游埠店

---

〔1〕民国《龙游县志》卷三《氏族考》。

业,吾乡丰口盐业"。这是一个商业集团性的多种经营。四弟程廷桓,"为人勤谨朴实,虽中年处丰厚之时,衣食犹以淡泊自甘"。(以上引文俱见安徽歙县《程氏孟孙公支谱》之《程廷柱传》,转引自《明清徽商资料选编》,黄山书社,1985年)凌仲礼,歙县丰南人,号梅川,"少随父游之龙游","名大噪江湖间"。(凌应秋辑《沙溪集略》卷四《文行》,抄本,转引自《明清徽商资料选编》,黄山书社,1985年。)歙商汪文俊,明崇祯十四年(1641)在龙游龙回陈村业盐,其子时明、时顺迁到湖镇承父业营商。(参见民国《龙游县志》卷三《氏族考》)积庆堂叶氏,始祖光日于清乾隆二十年(1747)"行商"至此,遂定居龙游县北叶村。

闽商在龙游寓居营商的要比徽商居龙游的更多。龙游大公殿明英,字承宗,福建龙岩人,"崇祯间贸易来县,遂卜居"。渡贤村林进亦是龙岩人,清初迁至县西十二都一图渡贤村经商。三元戴冯氏,"其先上杭县白沙里,清康熙间商于龙游南乡者,此族人颇夥"。董静斋,"其祖自闽迁上杭,贸易龙游"。渡贤村林氏,"其先龙岩州人,清初有名进至者,商于县西十二都一图今里"。(引文见民国《龙游县志》卷四《氏族考》)

江右(西)商人在龙游的亦不少,因地近往来甚便。龙游高椅山李祖松由南丰县于清乾隆年间(1736—1795)"来县贸易遂卜居"。凤基坤是一个大村,抚州临川八都周学锦于清康熙年间(1662—1722)"来县经商,遂卜居八都凤基坤,至今九世"。西方坞之姜韶,"其先江西新城人,世以陶窑为业。明洪武间有名韶者,业陶于县北二十四都二图"。沙坂康家申,原籍会昌县西乡,清康熙年间"偕其弟贤赞经商来县,遂卜居"。西山刘氏亦来自江西石城县,清康熙年间刘邦颢有五子,皆"相继来县南三十三都一图今里经商,遂卜居焉"。(引文见民国《龙游县志》卷三、卷四《氏族考》)

在龙游还有新安、江西、广丰、福建、宁绍、处州、金华等省府县会馆、公所，则表明这些地方也有一大批商人寓居于龙游。如祝氏，"其先兰溪太平乡人，明嘉靖间有名开基者，随其父发祥来龙游经商，始迁北乡八都三图居焉"。(引文见民国《龙游县志》卷四《氏族考》)

以上从各地迁居于龙游的商人，有的仍是维系着氏族血缘的纽带，将血缘与地缘结合起来。原血缘关系逐渐淡化，地缘关系维系着他们都成为龙游商帮的一分子，一起从事商业活动，所以龙游商帮中融进了其他商帮的成分，取长补短，互相吸收优点，成为国内一大商帮。这正是龙游商帮的优点：克服排他性，善于融合其他商帮。正因为如此，龙游商帮才能立足于明清各大商帮的竞争之中。

第六章　龙游商帮的历史评价

第一节　龙游商帮式微原因之检讨

清代后期,龙游商帮衰落了。

对于龙游商帮衰落的原因,陈学文先生归纳为以下五个方面:

  正因为龙游商帮经营的行业是珠宝、文化用品等精神生活用品的行业,其市场本身就比较狭窄,又因为鸦片战争后海外贸易受阻,龙游商帮衰败之因其一也。清中期之后政治腐败,财政空虚,珠宝文化用品市场也受限制,龙游商帮所赖以发展的主要行业不景气,龙游商帮也就找不到有利可图的商业行业和门径,也就必然走向衰落。

  其次,近代交通条件发生了变化,铁路、公路的修建,海运、江河运的开发;运载手段和工具也发生了变化,要靠火车、汽车、轮船等交通工具。这些交通工具在山区不能发挥其使用威力,龙游也就逐渐丧失了交通上的优势,此即影响到商业和龙游商帮的发展。

  第三,龙游商帮内部结构发生了变化。一部分商人走向儒商的道路,重操儒学了,不肯再闯世界,不愿走当年远离家乡的道路,安于现状。另一部分商人处于闭塞的山区,对外部世界的巨变缺乏新认识,跟不上形势,无法在新形势下竞争。对于这点,龙游学者余绍宋深有感慨,他不认为商贾远走他乡为陋习，且持批判态度，认为轻商的见解和习俗不可取。他说："'遍地龙游'之说久不闻矣。万历壬子志以为积习可慨，嗟夫！今又安得有此积习也。为商贾者，既不轻去其乡，所业悉甚微细，其稍大之商业皆徽州、绍兴、宁波人占之，乌在其能商贾也。昔人日以地瘠民贫为忧，而又轻商贱贾以鸣高尚，此愚所最不解者。"（见民国《龙游县志》卷二《地理考·风俗》）余氏以"最不解"来表示对龙游商人及乡人不肯远出经商的惋惜，也批评晚明时中国已处于开放思潮中，四民关系已有大变化，而万历县志编纂者却以传统"重士轻商"观点来"轻商贱贾"，认为此并不是高尚之举，时至今日（民国）龙游商人已失去昔日雄风，市场早已为外地商人所占领，更何况向外远走闯世界了。

第四，附近的徽帮、宁绍帮处于开放社会中，特别是新崛起的宁绍商帮，地处东南沿海，熟识海洋环境，海外贸易知识、经验较龙游商帮丰富，能适应新形势下的竞争，取代了龙游商帮的地位。龙游商帮却抱残守缺，最后连本地商业经营也落到外地入境的商人之手。县志编纂者批评道："为商贾者，既不能轻去其乡。"至清中叶以后，他们已失去了当年闯荡江湖、背井离乡、天涯比邻的勇气和锐气，安土重迁的心态又再现出来，龙游一句流行的俗语正是这种心态的反映："三日看不到岑山头，就要哭鼻头。"固守闭塞的山区，缺乏市场的资金，无法与势力强大的新兴商帮竞争，连本地的商场也很快被人夺去，本地商人只居次位，这是缺乏锐气的心态所致也。外籍商人入境，咄咄逼人，大有喧宾夺主之势，本地商业亦为"徽绍兰溪江西居多，本地人次之"。（见魏颂唐：《浙江经济纪略》，1929年）

最后，还应指出频繁的战祸给龙游及龙游商帮带来了莫大的影响。龙游地处交通要塞，历来兵家必争，成为战争双方的拉锯战之所在，战火蔓延，殆成废墟，死亡、逃亡，人口流失过大。尤其是咸［丰］同［治］年间

（1851—1874）太平军与清军激战，生命财产损失惨重，龙游经济元气大伤。余恩鑅在《地方利弊议》中说："迨咸丰之季，发匪窜扰，占据稍久。克复后，人民寥落，户口凋残，利无从兴，弊无由革也，非一日矣。"（见民国《龙游县志》卷十九《人物传·余恩鑅》）例如，龙游"南乡山多田少，东西北三乡田亩较多，从前烟居稠密，田无旷土，户无悬耜，自发逆窜扰，丁壮逃亡，契券散失，业户无几。……而客民愈聚多"。（见《龙游高阶余氏家谱》卷一一《文章谱·内篇一》）据清光绪二十二年（1896）张焀《知县张焀拟订开矿办法通禀》所记："卑邑燹后遗黎寥寥，至今生齿仍不见繁。"外地移民大量进入，"如杭嘉湖垦荒客民之伙房，严州种山客民之柴蓬"随处可见。而"农种工作大半系江西、江山、温台处［州］客民，多而且悍"。虽无准确统计，有人说人口流失大半，一片荒凉景象。一首无名氏的《娘煮草》诗曰："龙游城头枭鸟哭，飞入寻常小家屋，攫食不得将攫人。"连鸟食也不得，其荒凉凄惨之景跃然纸上。直至20世纪二三十年代，"土著之民百不及十"，"四乡仍有未辟之处"，百分之七八十为外地迁徙入境之众，人力资源损耗过大，自然成为经济发展的阻力。此不能不说是连年兵灾战祸所造成的负面影响，也是直接促成龙游商帮衰落的重要原因。过去盛行农民起义推动社会前进之说，对战争所造成的社会负面影响讳莫如深，不敢凭事实说真话，掩盖真相。其实不论哪个朝代、哪个岁月，正义或非正义战争，都会局部地造成损失，只是复苏有快慢之分而已。太平天国后期对浙江，尤其对龙游经济确曾产生过巨大的影响。[1]

傅衣凌先生也涉及这一问题，他认为"清代中叶以后龙游商人在中国商业史上并不占重要的地位，而却日趋衰落"的原因，在于以下两方面：

---

[1] 陈学文著：《龙游商帮研究：近世中国著名商帮之一》，第132—135页。

一是龙游商人的衰落，与中国商业资本发展的本质有关，即在明代封建统治的压抑下，绝大多数的商业资本，仅止于流通过程而已，特别龙游本土的物产不多，而他们所经营的奢侈品商业，也缺乏坚实的社会基础，就这影响了他们资本的扩大；一是清代中叶以后，宁波、绍兴等地商人的崛起，可能限制他们的发展。这一个推论能否成立，因目前尚乏可资证明的直接史料，姑志于此，以俟讨论。[1]

两相比较，陈学文先生的论述显得全面和完整，傅衣凌先生将自己的看法称作"推论"，未免过于谨慎，但其所述的两点原因，却正可以补陈学文先生论述之不足，特别是其关于"绝大多数的商业资本，仅止于流通过程而已"的观点，确实"与中国商业资本发展的本质有关"，尤具学术价值。通过梳理和归纳，我们认为龙游商帮的式微，主要有以下几个原因。

太平天国战争是造成龙游商帮式微的直接原因

清咸丰五年（1855年）春末，太平军首次进入衢州府境内，经常山七都球川转入开化。次年太平天国内部发生"杨韦内讧"，咸丰七年又发生石达开率军20余万擅自出走，独立行动的事件。石达开于咸丰八年四月十五日由江西玉山入浙，一举占领江山，并于四月二十日起围攻衢州。石达开部围攻衢州近三个月，其间五次挖地道欲炸塌城墙，均未能攻下。七月十四日，石达开从衢州撤围，率军进入福建。咸丰十一年，太平军李世贤部从江西进入浙江，五月三日占领常山，次日攻占江山，五月二十六日占领龙游。此后直至同治二年（1863年）正月，太平军侍王李世贤部以金华为中心，以龙游、汤溪、兰溪县城为前敌，以严州和处州为南北两翼，与浙江巡抚左宗棠率领的清军展开激战。

---

〔1〕傅衣凌：《明清社会经济史论文集》，第183页。

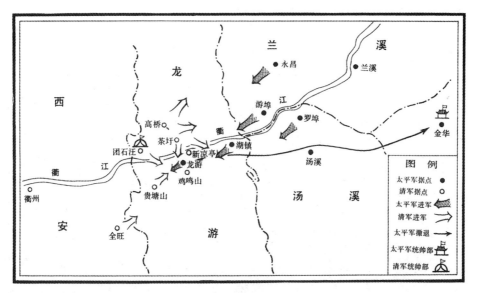

太平天国战争示意图

太平军的纪律本甚严明,尤其早年,由广西北上至南京,一路上少有扰民之事。但到天京变乱,太平天国进入后期以后,军纪日趋废弛。到其占领龙游县城,并以之为据点与左宗棠率领的清军对抗时,烧杀抢掠已相当普遍。在龙游《团石汪氏宗谱》中,有关于当时情况的记载:

咸丰十一年辛酉之夏四月十七日,发匪窜龙,城陷焉。斯时洪水泛涨,贼未渡河,我村安然无恙。十九日,贼遁去。六月二十日,贼复陷龙城。廿六日,蹂躏四乡。尔时,各处居民扶老携幼,纷纷逃避深山。八月间,贼伪为安民,愚民因四面俱有贼踪无所逃命,遂受其笼络,各归故里。不移时,复一股贼至,掳者掳,杀者杀,将老幼男妇悉驱逐在外,民居为贼所踞。是年冬,大雪盛行,居民统于檐下栖身,饥饿风霜,惨莫甚焉。同治壬戌春夏之交,疫气又大作,居民死于刀兵者固半,死于瘟疫者亦半,其存者十无二三。

民国《龙游县志》卷一《通纪》也有相关记载：

> （咸丰十一年）七月晦，匪出示安民勒索民财。裨天义既据县城，大肆焚掠，死者甚多。至是始出示安民，各乡村均设卡子，胁民进贡完粮，户给门牌勒银二圆，然匪之勒索淫杀如故也。

> （咸丰十一年）九月七日，匪大股至，全县糜烂。伪王李尚贤号九千岁，率大股匪自江西入浙，至衢州分为两股，一股经龙游东南乡趋绍兴，一股经西北乡趋严州，众各百余万，阅五六日始去尽。深山绝谷无处不到，焚掠奸杀穷尽惨酷，当时匪谓之"搜山"，又谓之"打先锋"，于是县民十丧其八九矣。

> 同治元年二月，匪扰西北两乡。此江西败匪窜来者，尺布粒米搜括无遗，西北两乡百余里至无人烟云。

至于清军，军纪也是废弛已久。左宗棠的湘军当时算是管理有方的，其他的部队则是扰民有余，上阵杀敌就一无用处。民国《龙游县志》卷一《通纪》中记载：（咸丰八年）"六月十日，官军移驻灵山，滋扰乡村。官军统领朱某并营务处袁某，率兵六营凡三千人移灵山，尽占民房居之，按户勒输米谷，滋扰殊甚。人民匿山中者悉不敢返舍，盖畏官军犹畏匪也。"当时在左宗棠军中的许瑶光，在其所写诗《病媪行》的小序中写道："龙兰未陷，兵与民斗，张玉良冤杀数万。将陷之时，贼与民斗。既陷之后，贼又与贼斗。收复之时，贼与兵抗，围攻至数阅月。户少三男，人皆垂毙。"[1]再加上瘟疫流行，同治元年"自四月至于八月，大疫。日死数百人，十家九绝"[2]。可见龙游民众劫难之深。

---

〔1〕《雪门诗草》卷六。
〔2〕民国《龙游县志》卷一《通纪》。

当时左宗棠认为：

> 龙游、汤溪两城为金华要道，必两城下、后路清，而后可攻金华。兰溪一水直达严州，必兰溪下、饷道通，而后可攻严郡。此三城者，如骨在喉，非探取之不快。窃自官军进攻龙游、汤溪、兰溪，全浙之贼亦并力西趋，坚图抗拒。湖、绍两郡之贼，伪戴王黄呈忠、伪首王范汝增、伪梯王练业坤，各率其党麕聚金华，自城西至酤坊、开化村、白龙桥一带，连营数十里。其新昌、嵊县、诸暨、浦江各县之贼，与兰溪踞匪谭星合势，自县北将军岩、大慈岩南至溪西一带，亦连营数十里，意在急解两城之围。[1]

因此战斗异常激烈，双方伤亡很大。战争于同治元年七月十六日开始，直至同治二年正月十二日夜太平军撤出龙游退往金华。时间既长，龙游人民遭受的灾难尤重，正如诗人江湜（1818—1866年），载于《伏敔草堂续录》中题为《绝句十首》诗中所写：

> 多逢人骨少逢人，
> 千里行来惨是真。
> 犹记龙游泊船处，
> 髑髅傍桨啮沙痕。

在龙游人民遭受战争灾难的同时，那些商人巨贾们自然也难逃这场战乱的祸害，而且由于财富的牵累，他们更是"打先锋"的首选对象，家破人亡的当不在少数。也有一些商人可能因滞留外地而一时未受祸害，但因家人死于战

---

[1] 左宗棠同治元年十月二十二日、十二月二十八日奏稿，载《左宗棠全集·奏稿一》。

乱，后来就定居于外地，和龙游的联系逐渐疏远，其龙游人的色彩也逐渐淡化。这些都是造成龙游商帮在短时间内突然消失的直接原因。

1990年8月23日，龙游县石佛乡石佛村上余自然村吴有良、吴正良兄弟，在家中老宅原址建新房挖基础时，于一只埋藏地下的陶罐内发现四只高足金杯。其中两只荷花瓣造型的金杯，制于明天启六年（1626年），两只菊花瓣造型的金杯，制于明崇祯十三年（1640年）。金杯工艺精湛，制作精美，代表着当时金银器制作工艺的最高水平，经国家文物鉴定委员会鉴定，被认定为国家一级文物。四只金杯后来被借去参加第二届中国文物精华展，北京大学考古文博学院教授齐东方先生在1992年5月10日的《中国文物报》发表《稀世珍宝，富丽堂皇——第二届"中国文物精华展"中的金银器》一文指出："浙江龙游县的明代金高足杯，是新发现又首次公开展出的明代金银器皿的佳作。高足杯作为酒具，原本是古代西方常见的器形，四、五世纪传入中国，唐代金银器皿中有不少实例，但唐代中期以后又逐渐消失。明代重新出现，看来也不是日常生活普及的器物。"可见这四只金杯价值之不一般。有明一代龙游并无高官，那么这四只金杯的主人应该是富商莫属了。将这些珍宝埋藏地下，说明当时肯定遇上灾难；埋藏后不再取出，则说明埋藏者及其家人或者死亡或者外出不再归来，这种情况往往与兵灾之类有关。龙游历史上明末以来发生战乱主要有两次，一次是清康熙年间的耿靖忠之乱，一次就是咸丰、同治年间的太平天国战争。耿靖忠之乱主要发生在县城周围，其残部也有不少窜入县南山区据险以守，作为龙游北乡腹地的石佛一带并未波及，以此看来，很可能就是发生在"西北两乡百余里至无人烟"的太平天国战争之时。这也可算是太平天国战争祸及商人的一个实例了。

鄢卫建先生在其所撰《探索兴亡之道，钩沉历史辉煌——评陈学文先生的〈龙游商帮〉》一文中，就着重强调了龙游商帮衰亡的"最根本的原因是清代咸同年间的战乱给其致命的打击"。

明代金杯

我认为,最根本的原因是清代咸同年间的战乱给其致命的打击。据民国《龙游县志》资料表明,战后龙游人口锐减,本省温州、台州,以及闽赣边界的大量山民难民来龙垦植。这种人口的"大换血"是历史上罕见的。至本世纪20年代,龙游70%的人口,都是这一时期的移民或其后裔。关于战乱后的状况,余绍宋先生也曾有描述(见《宝胡堂笔记》)。可见战争才是龙游商帮衰亡的最根本原因。[1]

投资环境不宽松,是造成龙游商帮式微的根本原因

这个问题,陈学文先生在其所著《龙游商帮研究:近世中国著名商帮之一》的第五章第一节《龙游商帮的投资去向》中已经论及:

龙游商帮从事经商活动积累了大批资金,在明清时期投资环境并不是很好,明清两代政府经常实施海禁政策,国外市场难以畅开,国内缺乏大型工矿企业、新兴工业等可供投资,投资条件受到很大限制。虽然国内

---

〔1〕鄢卫建:《木铎集》,香港文汇出版社2009年,第65页。

已有大小商品市场及其网络，但大都限于生活消费品的商品市场，如粮、茶、盐、丝绸、棉布等，纸张的商品市场还很有限，龙游商帮如同徽商只能将资金投向社会性慈善、文教事业或宗族性的建宗祠、修谱牒等方面去，扩大再生产的范围有限。[1]

陈学文先生还强调：

　　由于市场限制，投资环境不佳，龙游商帮积累了资金后，除了上述将资金流回生产和办学、办慈善事业之外，也有大量用于消费，用于家庭改善生活条件。建房是一大投资，其他则用于吃喝玩乐穿的消费。连江山县也因社会财富增加而风俗趋于奢靡，据史载："明成弘间朴意犹存，至隆万寝入奢靡，饮馔衣室争为美丽，婚丧嫁娶，下至燕集，务以华缛相高，外饰观美，中实虚耗，有识者叹之"。（见清康熙《江山县志》卷一《风俗》）龙游就更是如此，习俗趋于奢靡。自"万历中叶，渐以雕琢相尚"。（见清康熙《龙游县志》卷八《风俗》）[2]

这个问题，其实也就是傅衣凌先生论述龙游商帮式微原因两个方面的第一个方面："一是龙游商人的衰落，与中国商业资本发展的本质有关，即在明代封建统治的压抑下，绝大多数的商业资本，仅止于流通过程而已，特别是龙游本土的物产不多，而他们所经营的奢侈品商业，也缺乏坚实的社会基础，这就影响了他们资本的扩大。"

尽量扩大资本的投入，本是商业经营的基本原则，因为投资越多，利润的

---

〔1〕陈学文:《龙游商帮研究：近世中国著名商帮之一》，第94页。
〔2〕陈学文:《龙游商帮研究：近世中国著名商帮之一》，第100页。

孳生也就越大。龙游商人们在这方面也作过各种尝试，希图有所突破。比如开矿，比如从事垦植业，比如拚木，比如创办钱庄等，但往往遭统治当局的"封禁"以及受各种客观环境的制约。他们企求把商业资本转化为生产资本，从而达到扩大再生产目的之种种努力，大部分很难成功或持久。这其实也是一个历史局限性问题，当时的中国社会，充其量只能算是或多或少地出现了一些资本主义的萌芽而已，而且还仅仅局限于那些经济发展较快的江南苏杭一带的市镇集中区域。受生产力水平的限制，新的生产关系难以确立，新的生产方式未能出现，新兴市场更难形成，而官方的禁矿和"片板不准下海"的禁海政策，和其他各种各样的"禁""防"手段，更直接阻碍了生产力的发展和新的生产关系的出现，也阻碍了海外市场的开拓。加上龙游商帮经营的主要是珠宝、书籍等文化用品以及纸张、粮食、油料、布匹等日常生活用品，市场份额有限，发展空间不大，经济后劲不足，相对商人们积聚的可观财富，反而有一种无从投资、难以扩大再生产的困惑和烦恼。

于是那些商人只有把沉淀下来的资金用于改善生活、建造住房以及建祠堂、修族谱、做好事、办教育等方面去了。于是，珠宝商成了珠宝和金杯等奢侈品的消费者，书籍从商品变成了附庸风雅的摆设，木材商从供货者变成购买者，大把的资金成了打狗的"肉包子"而一去不回。于是，各种各样的"叶氏建筑群"和"傅家大院"点缀于青山秀水之间，成为一道财富堆积而成的风景线。就拿叶氏建筑群中的那座"芝兰入座"来说，其主人在清道光二十六年（1846年），曾为自己捐了一个"贡生"资格，住屋也就造得更有气派，工程前后长达七年，仅仅那些木构件的雕刻就花了三年时间，所耗费钱财之巨人们不难想象。用现代的眼光来衡量，如果把这笔钱财用于扩大再生产，该有多少收益？最终又能造成多少叶氏建筑群？庭院深深深几许，如此的华屋美居又将消磨掉人们多少豪气和壮志？盛极而衰，荣耀盖世之时，却已潜藏着那难以避免的衰败征兆。

芝兰入座民居

其实，除了后来依靠海外贸易兴盛起来的宁波商帮之外，那些传统商帮都难以逾越这一道"坎"。就说那以"金山银山"富可敌国的晋商，最终在现代银行业的挑战面前，也照样败下阵来，只留下一座座气势恢弘的各式"大院"，呈现出草没颓垣、烟迷旧阙的衰落气象，伴着秋风，沫着落日，诉说着历史的兴衰荣辱。这就是传统商帮的宿命。

还需指出的是，一旦商人们的眼光开始关注自身的生活之际，他们那无远弗届的脚步就容易受到羁绊，进取的意志容易消磨。这就是我们将要讨论的第三个问题：

"三日看不见岑山头，就要哭鼻头"的悖论

岑山，算不上巍峨，谈不上蜿蜒，毫无依傍地在金衢盆地西南缘峭然而立，对称的"山"字形，层次多变的皱褶结构，如同一座屏风、一架盆景，独具一种玲珑剔透的造型美，站在龙游县城的任何一个角度都能看见它那优美的身姿，分外令人注目。于是，在龙游城乡就有了这么一句俗谚："三日看不见岑山头，就要哭鼻头。"有了这么个说法，龙游人也就以一种安土重迁的形象被"岑山头"所印证并定格了。

这是一个历史的悖论，也是对岑山的亵渎。

历史的记载告诉我们，先人们何尝有"三日看不见岑山头，就要哭鼻头"的窝囊和没出息。他们视万里为比邻，闯荡江湖，叱咤风云，以自身的实力赢得"遍地龙游"的美誉，这是何等的风采。

对此，龙游籍著名学者余绍宋先生在编纂县志的《风俗志》时，曾不无感慨地指出龙游商帮雄风不再的原因，就是"不轻去其乡"。正是安土重迁的保守因循，使龙游人放弃了向外发展的可能。余绍宋是龙游人，看问题自然明白就里。余绍宋曾和兄弟合股经营滋福堂药店，对于"轻商贱贾"的社会环境肯定感触良深，那话语也就愈发显得沉痛了。

后人缺少的就是先人们那种开放的心态，敢为天下先的勇气，以及万里视

岑山残雪图（原载清康熙《龙游县志》）

若比邻的吃苦精神和能儒敢商，儒商互补的文化心态、文化修养。余绍宋先生"今人又安得有此积习也？"那一声叹息的余音，似乎正穿过历史的时空，在久久地回荡。

"无远弗届"和"遍地龙游"远非易事，需要商业利益作为动力，更需要坚韧不拔的意志和精神为支撑。当商人们的财富积聚到一定程度，商业利益的吸引力就会减弱。当商人们的注意力转向营造安乐窝，追逐生活享受时，所谓"玩物丧志"，他们的意志也容易受到消磨，精力上也难免被各种各样的具体问题所牵制，在家乡的逗留也在不知不觉当中被一再地迁延，甚至就此而中止了外出的脚步。至于那些商二代、富三代们，由于经济条件和生活环境的改变，在各种享受的诱惑下，在家人无微不至的关爱中，早已丧失了创业的雄心和壮志，而乐不思出了。如此潜移默化和互相影响，当年远走天涯的传统慢慢地也就消磨掉了,而被那很不体面的"三日看不见岑山头,就要哭鼻头"所替代,遍地龙游之说也就难以避免地"久不闻矣"。所谓"富不过三代",曾经斗智斗勇竞风流的龙游商帮,最终也就无可避免地沉寂了。

我们认为上述三条,是造成龙游商帮式微的主要原因,其他原因细说起来当然还有很多,我们也就不再一一展开了。

衢江之水迢迢东流,不舍昼夜。流过一个又一个的春夏秋冬,流过一个又一个的王朝。时间的流逝、季节的变换、朝代的更替,衢江似乎并不在乎,只是一心一意地向东而去。然而,当历史进入19世纪的中叶,当洋人的坚船利炮打开了中国的国门之后,水运年代的结束便进入了"倒计时",衢江之水便再也不可能流得像先前那样轻快,那样流畅了。

龙游商帮是依靠衢江的优势发展起来的,是凭借衢江把他们送往全国各地的,他们早已适应了衢江的流速和节奏,习惯于以水运年代培养起来的思维定势和行为规则来考虑问题、解决问题。19世纪中后叶,中国的经济政策与商业格局发生了重大变化。西方经济势力的大肆入侵,对中国传统的经营手段与经营观念产生了巨大的挑战。随社会经济背景的迅速更新,龙游商帮自身的保守性和落后性因素日益进一步凸显,日益阻碍它的进一步发展。龙游商帮信息趋于闭塞,无法从外界获取足够的生存发展的养分,无法适应新旧时期转型的经济要求,原先的优势已退变为保守僵化,"不思进取"。传统的观念禁锢着他们的思想,束缚着他们的行为,曾经叱咤商界的龙游商帮面对轮船、汽车和火车,他们无所适从。面对西方资本势力和廉价的商品,他们乱了方寸。在新形势的迅速变化面前,他们不谙应变,在动荡的时代潮流中,步入了衰亡之路,终究被新的变化、新的力量和新的事物挤出了历史的舞台。

优胜劣汰乃是一条铁律,对任何人都不会例外。探讨龙游商帮衰亡的原因,话题很多。要而言之,在一个缺少商业和市场意识的社会里,龙游商帮以其强烈的致富欲望和开拓精神取得了成功。但总的来讲,龙游商帮并无更高明的武器和手段，归根结底还是逃脱不出历史的局限。龙游商帮因商而富，但不少人却又因富而满足，消极守成。龙游商帮依靠地域条件和区位优势而成功，但又受到这些条件的制约而衰落。这似乎是龙游商帮和时代、自身、衢江共同而"成亦萧何败亦萧何"的命运。

第二节　龙游商帮的影响

对于这个问题，陈学文先生在《龙游商帮研究：近世中国著名商帮之一》第九章《龙游商帮的历史评价》第一节《龙游商帮对区域社会、经济、文化发展的影响》中如是说：

> 龙游商帮从事商业活动，将龙游山区的农副农品和农副产品的加工品，如米、竹、木、茶、油、纸等运出山区，贩销到省内外各地，促进了商品、物资的交流，使龙游经济得到发展，使闭塞的山区与外界发生联系。在一定程度上，它还发展成为外向型、商品型的经济，把原来自给型的自然经济逐步向商品经济推进，这也就推动了社会经济结构的演变，使单一的为生活、为生存的以粮食生产为主体的经济逐步向综合型的商品经济前进，这正是社会经济的一大进步。
>
> 龙游乃至衢州府本是一个山区，人们世代依靠本土自然资源过着很平朴的自给性生活。自从引进商业机制后，他们因地制宜开发自然资源，利用资源进行为市场所需要的加工，发展商品生产，使山区得到了开发。
>
> 龙游商帮走南闯北，开拓了视野，突破了安土重迁的传统观念，纷纷结帮成伙，背井离乡，形成了"遍地龙游"的局面，全国各地都有他们的足迹。龙游商帮加入了全国十大商帮的行列，共同参与全国商品流通，对明清时期全国商品经济发展与区域乃至全国的商品市场的形成也起了应有的作用。

龙游历来是过着安定的"工不务淫巧,居山之人业樵采"的生活,少与外界有接触。自从有了龙游商帮的活动,改变了千百年来的传统习俗,人们在现实生活中意识到无商不富、无商不活的道理,要提高自己的生活享受,只有走出山区,参与商帮的行列。于是到明中叶,"贾挟资以出守为恒业"了,给封闭的山区注入了新气息,改变了轻商的传统观念,这当然与明中叶以来整个社会风气的变化相关联。自隆[庆]万[历]以来,弃儒弃农从商之风已吹遍全国,社会上不再贱商了,这对龙游来说是一大变化,是千百年来文化心态的一大转机,讲求功利,乞求应有的生活享受,走向市场,走向开放。

龙游商帮经商的成功,积累了一批资金,他们愿意投向扩大生产,投入办工矿企业,采用企业式的经营,用雇佣劳动关系代替单一的家庭生产方式。因为有了商品市场,家庭劳动方式已不适应市场的需要,普遍地感受到劳动力缺乏,于是从江西、福建、安徽等地涌来了熟练的技术工匠。他们采用契约形式建立新型生产方式,即雇佣工匠采用技术分工来进行商品生产,组成手工业作坊、工场乃至民国时期的工厂。这又是一大进步,在生产方式上从封建型走向资本型。

龙游商帮还参与边疆地区的经济开发,也参与海外贸易,这对促进边疆后进地区的开发和扩拓海外市场都是很有意义的,也作出了他们的贡献。

龙游商帮经商致富后把资金流向本土,除了上述从事扩大再生产外,他们也很乐意为地方作奉献,创办慈善事业,修桥铺路以方便人们生活,办育婴堂等,对安定社会起了很大作用。龙游素来重视文化教育,商人办学成风,办了许多书院义塾等,提高了龙游人民的文化知识水平,也培育了一大批人才,这对龙游的经济文化发展起了很大的作用。

龙游商帮的中介和经商的成功,也吸引了邻省、邻府、邻县的人们向龙游移民。外来人口的迁入，对龙游经济文化的发展也是有意义的，他们融入龙游商帮之中，一起从商。外来人口的迁徙，也促进了文化的交流与融合，对改善人口素质也是很有意义的。[1]

陈学文先生的这些论述，对其在1995年1月台湾万象图书股份有限公司出版的《龙游商帮》一书中的表述，有所修正和补充，可以说已阐述得比较完整和全面，我们只想再强调以下几个方面。

创造了浓郁的经商氛围

龙游商帮的式微，主要是指那种遍地龙游的影响的消失，那种和各主要商帮逐鹿商坛、叱咤风云的气势的消失，那种以地缘和血缘为纽带抱团经营的局面的消失。在清末和民国初以来的衢州，由于龙游商帮遗风的影响，商业的氛围仍然是很浓郁的，商业经营也一直与时俱进地不断发展。商人中固然出现了很多外地人，如余绍宋所说"其稍大之商业，皆徽州、绍兴、宁波人占之"，但这些外地人很快就如同龙游商帮时代的那些福建、江西籍的外地客商一样，与本地的商业和商人融合为一体，成为当地商人中的代表人物，共同为衢州的商贸事业的发展作出贡献。如被誉为"衢州首富"的汪乃恕（1865—1913年）、"商界领袖"仇星农（1864—1932年）、"当世典型"汪笃卿（1874—1932年）、"纸业巨子"叶仕衡（1879—1951年）等，或者本人出生于徽州，或者其先祖为徽州人，可谓是这方面的代表人物。和当年龙游商帮的经营业务相比，珠宝商和书商也已式微，但纸商仍然活跃，叶仕衡就是经营土纸而成巨富，有"叶半城"之称，仇星农则被誉为是衢州纸业的"第一块牌子"。此外，茶叶也成为衢州商人经营的重要商品，还成为主要的出口商品，汪笃卿就是以加工精制茶外销为主要业务。钱庄业在这个时期也有很大的发展，自光绪

---

[1] 陈学文：《龙游商帮研究：近世中国著名商帮之一》，第168—170页。

十年（1884年）至1949年，衢州城里共创办钱庄27家，在促进商业流通中的作用日趋重要。

《衢州简史》第六章《在艰难曲折中走向近代化》，以《近代以来的商业贸易》为题，为这个阶段的商业贸易做了总体的勾勒：

1902年（清光绪二十八年），开化县化埠镇率先成立商会组织，开衢州商会的先河。四年后，衢城商会成立，选孔氏南宗世袭翰林院五经博士孔庆仪为"总理"。到1909年，衢属五县商会全部成立。在商会的推动下，抗战以前衢州的商业十分兴旺。1936年，全区有商店4 561家，其中衢县1 933家、江山1 121家、龙游501家、常山517家、开化489家。抗日战争爆发后，沪、杭、宁、绍一带商户迁来经商，衢州及各县商业盛兴一时。后来，日军两次侵犯衢州，商业遭受惨重损失。抗战胜利后，商业有所复苏。但由于国民党发动内战，通货膨胀，市场萧条，到1948年，衢州城区商店锐减至335家。

衢州的对外贸易始于19世纪末期。茶叶的出口始于1877年，是本市最大的出口骨干商品。民国《开化县志稿》中有"箱茶由本县茶号复制，行销外洋"的记载。民国初年，衢州先后有茶叶、桐油、柏油、茶油、青油、香菇、土纸、纸伞、皮箱、莲子、乌岗炭等十余种商品，由私商收购后，运到杭州、南京、上海、温州、武汉等地，直接销售给洋行出口，远销英、美、日、苏和东南亚等地。抗战时港口封锁，外销受阻，外贸停顿。抗战胜利后，桐油、茶叶、土纸等恢复出口，但产区受战事破坏，加上价格低迷，出口量远不及战前。

1929年前，浙赣贸易鼎盛时期，双方船户数千，手车3 000辆，挑夫5 000余人。每年经衢州、常山运往江西食盐20万担，绸布6.57万匹，药材、海货、干果8.96万担，价值319万元。江西产品经衢州运销各地的有纸张28.5万件，瓷器20万件，夏布3万筒，油料、茶叶、烟叶、牛皮等10.08万担，价值779万元。此外安徽生漆、雪梨，湖南湘莲、夏布，湖北石膏等也经过衢州出埠外销。1928年到1933年，省际公路及杭江铁路先后通车，物资运输转为公路、铁路为主，大范围的物资交流减少，而闽浙赣皖接壤地区间的边界贸易仍很活跃。抗战期间，浙赣铁路不通，公路水运复兴。当时，浙江省供销合作社曾以4万担浙盐向江西换回8万担大米，解决浙东地区民众缺粮困难。[1]

传承了诚信经商的良好传统

市场经济就是信用经济。龙游商帮的崛起，很重要的一条经验就是在商业活动中遵循诚信为本的原则，以诚待人，以信服人。龙游姜益大棉布店，可说是一个传承龙游商帮诚信经商良好传统的典型。

在以银元为货币的时代，人们曾饱受假银元之苦。但当时的龙游人就没有这方面的烦恼，因为他们有"姜益大"为大家保驾。当时姜益大专门设有验收银元的柜台，由三名店员负责，经验收的银元凡是真货，便在银元上打"姜益大"钢印，人们便可一百个放心地大胆使用，在市面上绝不会遭遇麻烦事。小小一颗"姜益大"钢印，竟有如此的威信和影响力，除了验收银元的伙计技术过硬，有一双善于辨别真伪的火眼金睛外，更重要的原因就是因为"姜益大"的信用度绝对可靠，得到人们的绝对认同。对于"姜益大"来讲，信用不仅仅是一句口号、一种标榜，更是一种在商业活动中得到认真贯彻的理念。

姜益大棉布店创建于清同治六年（1867年），是今龙游一家著名的百年老店，全盛期有职工八十余人，店里还曾经组建自己的武装商团，为押运货物充当保卫。

---

[1]《衢州简史》，第295页。

姜益大棉布店

　　龙游的棉布业素有良好的商业道德,他们不搞什么"漫天要价,就地还钱",而是坚持"货不二价"的经营方式;他们不搞店大欺客,也不搞因人论价的名堂经,而是以童叟无欺相自律。"姜益大"的当家人以诚信来奠定自己的商业人格,在这方面表现得更为突出,有这么一个故事,在龙游流传甚广。

　　有一次"姜益大"从海宁一个布庄购进三百筒"石门布",每筒二十五匹,共计七千五百匹,价值达六万。当这批布从杭州水运至龙游途中,被抢劫一空。海宁布庄得知这一消息,即派推销员来龙游调查处理,由于这批货"姜益大"尚未验收,不必承担任何责任,海宁布庄在难以推脱责任的情况下,主动提出赔偿损失的方案,表示现在手头一时存货不多,愿意分几批把三百筒石门布的货凑齐。想不到姜益大棉布店的店主却谢绝了对方的赔偿,一方面设宴款待对方的推销员,一方面当场取出六万元的银票交给他,表示再购买石门布三百筒。推销员把这消息带回海宁，布庄主人感激不尽，表示今后必将全力扶持"姜益大"，以报其恩。不多日，海宁布庄的三百筒石门布及其他一批新产品，由推销员押送运抵龙游，与姜益大交割。石门布和那些新产品都是当时的抢手货，十分好销，而对方认准这类货在龙游只由"姜益大"独家经营，有心扶持姜益大，使之获取最大的收益。自此，海宁布庄成了为"姜益大"提供货源的可靠保证，紧俏商品都优先保证"姜益大"的需要，成了姜益大定赚不亏的买卖。

这段佳话再次证明，诚信是双赢之道，因而也是成功之道。龙游商帮的先人们既给我们树起了榜样，姜益大的做法也为我们提供着有益的借鉴和经验。

培育了儒商精神

儒商是具有较高道德修养和文化素养，具有强烈人文关怀和社会责任感的企业家，是将做人之道和经商之道完美统一的化身。儒商植根于悠久的中华文明，其和谐科学的经济伦理和人文精神，构成一种不可多得的社会财富，成为一道壮丽的人文景观。儒商的特征主要表现在两个方面：

一是以德聚财，以财播德。儒商恪守做人第一，经商第二的原则，义利并取，不害人，不赚黑心钱，不昧良心赚钱。主张义利结合，义利兼容，义利并举，本身就是对传统儒家绝不言利理论的突破。对利的肯定，就是对生产力的肯定，就是对新兴产业的肯定，就是对个人追求物质利益的肯定。但追求个人利益，又不能无限度、无界限，必须以义为节制。能够正确地处理"义"和"利"的关系，这是儒商区别于一般商人的分界线，也是儒商"先进性"的重要体现。当他们拥有了巨额财富之时，往往将财富取之于社会，用之于社会，服务于社会，造福于大众，在追求物质价值的同时，亦追求精神价值。以最大限度地实现自己的人生价值，作为他们经商的最终目的。例如龙游商帮时代的龙游商人毛文瑛，他捐资为广东新会沙平墟造桥，将病逝于途中的商人货物全部还给其父母，并谢绝其父母的报偿，将欠债者的借据烧掉以示永不追讨等义举，都充分体现了一个儒商的襟怀和操守。又如纸商林巨伦，当他创办纸槽经商致富"积资累巨万"后，"性好行善，尤喜筑造石桥"，最后获得"一县称善人"的口碑，称得上是龙游商帮中儒商的杰出代表。他们均以自身的善行义举，树立了儒商的光辉形象，成为后人崇仰的榜样和典范。

二是具备良好的文化素养，言行中充溢着人文关怀的精神。他们既是商人，更是文人，而且往往文人色彩更为浓郁，更具本质，商人仅为其谋生之职业而已。他们受中国传统文化的浸润，气质高雅脱俗，学人的风范和睿智，哲人的思维和策略，商人的务实和精明，厚重的历史使命感和责任感，使他们具有儒家理想人格的魅力。在具体的商务活动中，他们眼光远大，善于从长计议，不为一时的利益所左右，使得他们在获取经济利益的同时，又实践着儒家的价值思想。"达则兼济天下，穷则独善其身"是他们的行为准则。如生活于明嘉靖、万历年间的童珮，他利用贩书的间隙读书学习，不断提高自己的文化素养，在售书的同时还藏书、刻书、编书，并以自身的诗文创作、书画鉴赏水准为当时的文人所看重，和他们成为知己深交。同时他又能坚持自身的操守和人格自由，谢绝朋友经济上的资助，不愿投靠当时的宗室去做食客，这一切都证明他是一个有水准有原则的文人，更是一个"陈起之流"的儒商。又如滋福堂药店的创办者余恩鑅，他本身就是一个有功名、有地位的官员，却在退休后投身商业，这在观念上就是一个了不起的突破。他还以儒商的身份教育后代，培养后代，形成书香和药香共芬芳的家庭传统，其后代数世书香，书画传家，并最终培养出了余绍宋这样的文化名人，他创办的滋福堂中药店，也在其后代的维护下，成为龙游至今犹存的百年老店。

先人们培育的儒商精神，为后来的衢州商人们所传承，并得到弘扬广大，有着更为出色的表现。

1924年的苏浙战争中，军阀孙传芳占领衢州，要挟衢州商会筹集军饷10万银元。时任衢县商会总理的仇星农力肩重任，捐资7万银元，同时四处奔走，在规定时间内凑齐10万银元，如约交清，终使孙传芳部队撤兵离去，使衢州百姓逃过一场劫难。为此，仇星农获得当时大总统曹锟颁发的"大勋章"和"嘉禾章"，衢州民众也纷纷赠送匾牌以表谢意。当时1亩肥田的田价为70元，1亩瘠田为36元，7万银元足足可购买最好的肥田1千亩，这该是一笔多么巨大的资金？这不是急公好义又是什么？可笑的是，当时的孙军驻衢州办事处在收到这笔钱后，居然还拨出5 000元作为佣金（回扣），这笔钱后来也被作为公款入账。仇星农在非常时期的这一非常举动，充分说明衢州儒商所具备的社会责任感，充分展现了儒商的道德情操和良知。有此一件事例已足以说明问题，其他事例不必再一一枚举了吧。

第三节 进行龙游商帮研究的意义

2004年，时任中共龙游县委书记杜世源应邀为陈学文先生所著《龙游商帮研究：近世中国著名商帮之一》作序，序文归纳了开展龙游商帮研究的意义具有发现的价值、激励的力量、指导的意义三个方面，对这一问题已作完整的阐述。文不长，引用于下：

历史是一条延绵不绝的河流，文化在历史的长河中不绝地绵延。

时代在不断地前进，文化应和着时代的步伐，演变、扬弃、发展，面临当前改革开放不断深入的社会转型期，文化的变革往往显得更为沉重，更为深刻。

龙游是浙江中西部首先设县之地，建县历史已有2 200多年。在漫长的岁月里，先民们劳作于斯、歌哭于斯，创造了独具特色的历史文明，传承着异常丰富的文化积淀。用现代的眼光来审视我们的地方文化，进行传统文化的挖掘和整理，从中提炼出优秀的地方特色文化，使之得到应有的弘扬，同时积极探索、研究，创造出与时代相辅相成的现代文化，是我们必须具备的文化良知和历史责任，也是我们谋划工作大局，特别是规划城市的一个不可或缺的着眼点，因为一个缺少文化内涵的城市是没有生命力的，一个缺乏文化的地方是没有活力的。

"龙游商帮"是我县历史上的精彩之笔，"商帮文化"是龙游地方文化中的精华部分。研究龙游商帮，勾勒其历史脉络，探讨它的成败得失，总结先人的经验和教训，梳理其中的文化内涵，无疑是一件很有意义的事情。浙江省社会科学院研究员、原历史研究所所长陈学文教授撰著的《龙游商帮研究：近世中国著名商帮之一》，就是这么一本值得我们认真研究的力作。其意义，我认为主要体现在以下三个方面：

一是发现的价值　历史上的龙游商人称雄一时，赢得"遍地龙游"的美誉，跻身于"中国十大商帮"之列。然而由于受当时"重农抑商"观念的影响，这一段辉煌历史并没有得到应有的历史记载。正是陈学文先生以其历史学家的敏锐和学养，在片言只语的历史记载中发现了这一命题；通过对大量文献资料的抉剔爬梳和严密的分析、综合，论证了这一命题，将湮没的辉煌再现在世人面前。陈先生的研究和著述，对于我们龙游来讲，可谓是功劳不少。

二是激励的力量　对于前人创造的业绩，一味地沉湎于津津乐道，并不可取。重要的是，要以先人的业绩来激励今人、启迪后人，为我们提供榜样的力量。《龙游商帮研究：近世中国著名商帮之一》用丰富的资料论述先人"无远弗届"的开拓精神和"敢为天下先"的创业勇气，记录了不少成功的个案。相比于先人的成功，处于大变革时代的潮头浪尖，传统的商业文化应怎样扬弃，实业文化应怎样塑造？我们的吃苦精神、开拓气魄、创业意识应怎样强化？我们和先进地区的差距应怎样缩小？浙西中等规模的生态型文化旅游城市应怎样创造？这一切难道不值得我们每一个龙游人认真思考吗？

三是指导的意义 作为经济史和明清史专家,陈学文教授的这本著作并不仅仅停留在史料的挖掘和考证上。他对龙游商帮从发轫到兴盛最终又难免式微的全过程进行了理性的分析,探索其中的原因及种种因果关系,既有社会环境、时代背景等宏观层面的把握,也有思想理念、经营手法、资金流向乃至一些个案的解剖,进行微观层面的条分缕析。这些理性的思考和分析,为我们当前的工作和事业提供了有益的启示和指导,不但有利于我们认识过去,也有利于我们指导现在,创造将来。

文化是根,是生产力,也是竞争力。我们生长在这个文化激荡、观念嬗变的伟大时代,既是幸运,也是挑战。对龙游文化的研究和继承,我们做了一些工作,但仅仅是破题,还远远不够。《龙游商帮研究:近世中国著名商帮之一》的出版,是对龙游先人的最好慰藉,也是对今天的人们的最大鼓舞和鞭策。因为这本书为我们"盘活"了龙游商帮历史,也为我们的建设事业提供了有价值的文化资源和学习资料。各条战线的同志都应该好好拜读,为龙游的发展尽一点绵薄之力。

在《龙游商帮研究:近世中国著名商帮之一》出版发行之际,我谨代表龙游的父老乡亲,对陈学文先生致以深深的谢意!

是为序。

"盘活"历史,"为我们的建设事业提供有价值的文化资源和学习资料",这应该就是进行游商帮研究的意义所在吧。

第七章　商人传

毛文瑛

毛文瑛（1485—1546年），字元秀，号存耕，居龙游县北乡毛村（今模环乡刘家村上毛自然村）。出身耕读兼经商之家，祖父毛永福，任职绍兴府教谕，以积善闻于乡；父毛最城（1460—1518年），字成甫，因"税雄一乡"，被推举为督税长。毛文瑛"生而性严毅，状貌修伟，志倜傥不凡，尤寡言笑。乡之俗以耕为业，亡弦诵声。公痛愤不能以诗书发迹，乃挟资商游闽广间。刻历奋发，不数年，资遂饶裕厥厚。恒商于广。"

毛文瑛虽是一个商人，"以营利植生"，却能坚持"不以利掩义"，因此多有"义事"为人们所称道。他曾长期在广东新会经商，新会沙平墟有河通海，潮涨时水漫不可渡，潮退时泥淖没腰，跋涉为艰。当地风俗，趁墟赶集的以妇女为主，由于河上没有桥，给她们造成很大的不便。毛文瑛看在眼里，心中不忍，便出资在河上架起石桥。当地人对此感德在心，因大家知道毛文瑛是浙江人，便将此桥名之为"浙江桥"。

正德七年（1512年），毛文瑛翻越大庾岭回乡。途中有商人携小童，带着货物搭他的船回清江。商人途中染病身亡，毛文瑛出钱为其殡丧，到清江后，将货物与小童一一点验清楚交还其父母，其父母感激之余，表示要将一半货物给他作为报偿，他却一无所取。

嘉靖五年(1526年),毛文瑛经商于扬州,当时正值饥荒,他出钱数百缗,用来接济那些逃荒要饭者。当时有住在一起的人偷窃毛文瑛的钱财,被他发现。有人要他把这件事告于官府,可以按规定获得一倍的赔偿。他却表示,对方只是由于缺钱偶尔行窃,责其加倍赔偿,实际上也做不到,而且弄不好还会使其丧失生命,表示不忍心为了一点小利而去报官。

有一次他去邻居家要债,发现对方困卧在床,打听之下得知对方已三天未举火吃饭。毛文瑛便为其买米举炊,还把对方的债券烧掉,并把其他那些贫困之人的债券都焚烧掉,表示永不追讨。

他平时督子甚严,甚至不废"鞭扑",把振兴儒业的希望都寄托在长子毛汝麒的身上,认为"吾乡囿于陋习,寥寥数百载无闻人,是儿其可以亢宗矣乎"。

对自己的弟弟也是严格管教,弟弟做生意失败,他戒责很严。到兄弟分家之时,他却把自己赚来的钱财全部均分,与弟弟一人一份。

以上事例说明,毛文瑛是一个能够正确处理义利关系,好善乐施,富有同情心,愿为社会多行义举的良商善贾。他还著有《存耕诗册》,可见其儒商本质。

儿子毛汝麒(1513—1586年),字伯祥,号露山,嘉靖二十九年(1550年)进士,官至西江兵备道。孙子毛一阳(1536—1596年),字子复,号小山,也中进士,官至北京兵马指挥。毛氏也可算是以商起家,以儒传家的家族了。

(引用文字均见《瀫水毛氏宗谱》卷一《存耕处士行状》。)

童 珮

享有"遍地龙游"之誉,跻身中国十大商帮之列的龙游商帮,多经营纸张、书籍、珠宝等文化类商品者,加上受龙游"儒风甲于一郡"的传统影响,具有亦商亦儒的特色。生活于明朝嘉靖、万历年间的龙游书商童珮,因贩书而读书,因读书而藏书、编书,结交归有光、王世贞、王穉登、胡应麟等文化名人,所作诗文又合成集刊行于世,可谓商人与文人兼于一身,是龙游商帮中典型的一代儒商。

童珮，字子鸣，生于明嘉靖二年（1523年），卒于万历四年（1576年），龙游县瀫水乡桐冈坞村（今龙游县塔石镇童岗坞村）人。童珮生活的年代，正是龙游商帮的鼎盛期，家族中经商之风很盛，在《桐冈童氏宗谱》中就有不少这方面的记载。其父亲童彦清则是往来吴越之间的书商。受家族风气的影响，童珮自幼就随父亲贩书于苏州、杭州、常州、无锡等地，后来又继承父业贩书为生，行商生涯中一直清贫漂泊，但又自由自在。

童珮幼时"家贫，不能从塾师"（王世贞《童子鸣传》），但职业使他长期受到书的浸润，"日与之居，其性灵必有能自开发者"（归有光《送童子鸣序》）。再加上他的勤奋，"喜读书，手一帙坐船间，日夜不辍，历岁久，流览既富"，终于学有所成，不但能够写诗作文，而且"尤善于考证书画金石"（民国《龙游县志·童珮传》）。

学养既丰，也就有了和文人学士打交道的本钱和共同语言，当时和童珮关系密切的知名文人主要有以下一些：

人称"震川先生"的昆山人归有光（1507—1571年），是有明一代的散文大家和文学宗师，童珮想投身他门下，向他问学求教。归有光还写有《送童子鸣序》传世。文中提及"子鸣依依于余，有问学之意"。在批评了一通当时读书人"内不知修己之道，外不知临人之术，纷纷然日竞于荣利"的现象后，归有光又对童珮"鬻古人之书，然且几于不自振，今欲求古书之义"的不求荣利、一心向学的行为深表赞赏，但也怕他因此而"愈穷也"，所以在童珮"岁暮将往锡山寓舍还太末"之时"书以赠之"。流露出归老夫子对童珮那种既欣赏又同情，也还有一份不忍的复杂心情。

在文学史上居"后七子"首领地位的太仓人王世贞（1526—1590年），居文坛魁首之地位，又官刑部主事之职，在所写诗中，把童珮的为人概括为"隐能逃小贾，穷不废长吟"。童珮死后，又作诗表达那"泪向吴江尽，恩偏越峤深。山阳夜中笛,肠断不堪寻"的悲痛。可谓情深谊重。

文学家,苏州人王穉登(1535—1612年),曾为童珮所编《徐侍郎集》作序,童珮去世后又主持了《童子鸣集》的编印,在序文中更是对其学习的刻苦和谦虚诚实的品格赞叹不已。

文学家,兰溪人胡应麟(1551—1602年),和童珮交谊最深。这一方面因为兰溪为龙游邻县,来往方便;更因为胡应麟也是个不入仕途,专以著述为乐之人,二人意气更为相投。这在胡应麟所作悼亡诗中也可看出:"海岳谁高蹈,丘园有独醒。下帷头自白,避俗眼常青。"这是写童珮的不随世俗。"向来携手地,凄绝子期弦。"这是抒发对童珮去世的悲痛之情。二人的知己与情谊,不言自明。

还值得一提的是当时的衢州知府韩邦宪。韩邦宪未做官时,曾在旅舍中偶遇童珮,两人因谈得投机而成为朋友。任知府后,韩曾专程去龙游乡下访童珮,山坞中人从未见识过知府驾临的排场,都拥来观望。只见两人吟诗相和"至夕始去"。当时韩邦宪很想为童珮改善一下条件,却被他以"甘田中食,不忧馁"相谢绝。后来韩邦宪在任上病逝,童珮徒步为其送丧。

在中国藏书史上,童珮也有一席之地。在吴晗所著《两浙藏书史略》一书中就有关于他的记载。《浙江藏书家藏书楼》一书对他有这样的评论:"龙游童珮不仅藏书,还刻书,在浙江藏书史和出版史上都应有一定的地位。"童珮"藏书数万卷,皆手自雠校"(民国《龙游县志》),家产却仅"薄田数十亩"。依这样的财力来藏书,是很难的,这也得益于他的贩书生涯,在贩书过程中,他每遇善本便藏之不售,因此所藏多善本。胡应麟曾见过他的藏书目录,并兴奋地去信说:"得足下藏书目阅之,所胪列经史子集皆犁然会心,令人手舞足蹈。"可见其藏书数量与质量的不凡。

童珮生平编过两部书,一是曾任盈川县令杨炯的《杨盈川集》。杨炯是位列"初唐四杰"之一的名家,其文集到明朝时已无存,经童珮从各种旧籍中搜

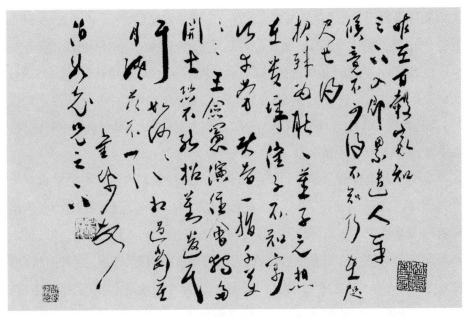

童珮手迹

辑遗文，共得诗赋四十二首，序表碑铭志状杂文二十九篇，编为十卷。一是《徐侍郎集》。徐侍郎即徐安贞，唐玄宗时供奉内廷为中书舍人，掌管制作诏书，后授工部侍郎、中书侍郎，深得玄宗赏识，"帝属文多令视草"（《新唐书》）。《全唐诗》收录其诗11首。"公后相传有集凡若干卷，亦散漫不复见，此诗赋杂文十有三篇，往余得之断碑脱简。"（童珮《徐侍郎集序》）杨、徐二人，一为龙游地方官，一是龙游人，童珮搜寻残存，为他们编文集，其用心当出于桑梓之情。另外，童珮还和曾任临武知县的龙游

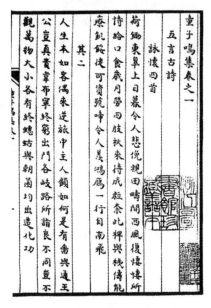

《童子鸣集》书影

人余湘合纂万历丙子《龙游县志》十卷。童珮还发起建龙丘祠以纪念乡贤龙丘苌,使先贤业绩得以弘扬。可见他对乡邦文化的贡献也是功不可没的。

童珮死后,人们把他的遗文编成《童子鸣集》六卷,其中诗四卷、文二卷,王穉登作序。文集被《续文献通考》所著录,也为《四库全书》存目。《四库提要》描述童珮写作的认真说:"闭户属草,必屡易而后出,出则使人弹射其疵,往往未惬,并其稿削之不留一字。"

童氏族人素有诚信经商的优良传统。童珮父亲童彦清就被王世贞誉为"不寝然诺",是个讲信用的人。他的伯父童庆"为人峭直无私,不妄贪利,不循枉道",是个恪守商业道德的人。叔父童富则乐善好施,"损人便己之事,虽小不为;济困扶危之举,虽费不惜"。族兄童巨川享有"居心正直"之誉,童洋则被评为"家风为一时之最"。作为一代儒商,童珮在商业道德和为人操守上,也多有可传之处,最突出的表现就是淡泊名利和洁身自好。

据王世贞《童子鸣传》记载,童珮贩书的一个主要地方就是梁溪(今无锡),"梁溪诸公子心慕之,争欲得子鸣一顾以重"。他对这些公子哥儿们也"时时有所过从",这自然是出于生意上的考虑,但如果想要控制他,那就不能了。当时的宗室太保朱忠僖和其兄恭靖王,想请他来评鉴家藏的字画,两人设法请和童珮要好的人把他"挟之都",而童珮到他们家后"焚香啜茗评骘字画而已,不复言及外事"。兄弟二人想把子鸣留下来做门客,"一夕竟遁去",来了个不辞而别。商人总是要言利的,而童珮却为了维护自身的人格尊严和人身自由,放弃了攀附王孙公子的大好机会,显示了他的儒商风采和书生本色。

综览童珮一生,他以贩书为生,却能成为颇有影响的藏书家,并以文名为士林所重,这在他的那个时代来讲实属不易。他从商人中脱胎而出,以文人身份和读书人交往酬酢,他的商业活动也就有了一般书商所难以具备的便利条件,这对现今从事商业活动的人们来讲,很有一些有益的启迪和借鉴。对于其如何在逆境中发愤，如何保持独立的人格和清白的操守，如何正确处理"利"和"义"的关系，也是值得人们深思的。

李汝衡

李十二汝衡者，越之龙游人也。自其父鹤汀贾江夏，迄今人与年盖两世矣。父子饶心计，趋时不失黍累，至汝衡而资益拓。所居积绮縠纻罽，穷四方之珍异，挽舟转毂以百数，所冠带衣履遍楚十五郡。而善与时低昂，人或就之贳贷无所靳，亦不责子钱，久乃或负之，遂不复言。即诸部使者，若藩臬，若郡邑，有所征需，汝衡不以苦恶往，上官亦不为擢直，楚人慕其谊，争交欢汝衡。汝衡雅好客，置酒高会，佐以声伎之乐，其门填噎，诸同贾者莫敢望。汝衡从父九十三懋之，有游闲公子之赐与名，缙绅学士喜从之游，而不佞里中为最。属以急难来江夏，过懋之，则汝衡蹀屣蹩躄来，数为好饮食相贻。不佞以所见征所闻，人言汝衡侠士，良不诬。而所居楼一楹，岁久就圮，汝衡撤而新之，盖湫隘嚣尘中而爽垲之观备焉。诸善汝衡者将椎牛醑酒走贺，而谓汝衡幸当其世，得内交太史公，太史公盍赠之言，夫汝衡所有绮縠纻罽，孰若太史公片言荣于华衮也。不佞盖闻古有世德有世业，自王公以逮四民，若不皆然，是为世美。汝衡修父之业而息之，栋宇榱桷有益无因，视夫堂构之弗肯者相万矣，此之谓能世。然而汝衡越贾人也，贾人世其父贾之业，越人世其父越之业，家户所有耳。今天下贾人列隧百重，亦何国蔑有，苟非其土著，其所居皆蘧庐传舍也，未有越人而为恒产于楚若汝衡者。宋人章甫而游越，越无所用之。王制，五方之民因其宜不易其俗。禹之保国，倮而入，衣而出。孔子居鲁，宋章甫缝掖其服也。乡自非圣贤，乌能不凝滞于物而与世推移？汝衡贾于楚，宜于楚且家于楚，斯楼也，三十年作之，三十年守之，修饰而润色之，其所由来者渐矣。假令一切以贾人法言，利析秋毫将为怨府，其能有宁宇哉？不佞以是信汝衡侠而隐于贾者也，非可庸众伍也。诸善汝衡者曰，信如太史公言，非直征汝衡贤，不腆

《赠李汝衡序》书影

楚人而能安汝衡若是，可交相贺矣。

此文原题为《赠李汝衡序》，录自明李维桢著《大泌山房集》卷四十八[1]。此文有较高史料价值，因此以原文录此。陈学文先生曾为此撰《礼部尚书与龙游商人》一文，发表在2003年7月12日的《联谊报》上，兹节录于下，以助读者了解：

　　李维桢为明一代名士，与唐寅（伯虎）、文征明、王世贞、徐渭等同列入《明史·文苑传》。他于隆庆二年中进士，由庶吉士授编修，历官陕西右

〔1〕四库全书存目丛书编纂委员会编纂：《四库全书存目丛书》151册，齐鲁书社1997年，第521页。

参议、提学副使、布政使、南京太仆寺卿、礼部侍郎、礼部尚书,晋爵太子太保。他在《大泌山房集》卷四十八,还专为浙江龙游籍巨商李汝衡立传,题为《赠李汝衡序》。

李汝衡,浙江衢州龙游人。其父鹤汀行贾远至江夏,富有经商经验。汝衡从少得到浓厚从商氛围的熏陶,继承父业后经商规模大大超过乃父,资产更为雄厚。他经营的丝绸遍及楚省(湖北)十五郡的市场,常用运绸的舟车达百余辆(艘),运载着"四方之珍异"贩销各地,为有名的巨贾。必须指出,李汝衡是从事长途贩销的大商人,而经营长途贩销需有雄厚的资金,要熟悉、把握全国市场、商品情况,所以李汝衡是很了不起的大商人。

李汝衡是经商能手,"善与时低昂"(即善于把握市场与物流,决定吐纳盈缩,平衡物价),慷慨大度,凡人向他有所借贷,必倾囊相助,决不斤斤计较利息之多寡。或有借未还,或有贷而不还,汝衡雍容雅量,宽仁善待,不再索还。凡官府征需,也会乐于定额定时完赋。由是声誉日隆,楚人多喜与交往,而他则以礼相待,常置酒高会,门庭若市,热情招待,人咸赞曰"侠士"。李汝衡成功的实例,正好印证了明代龙游商帮天涯贾客的豪迈气魄。

在中国传统社会里,素有重本抑末、重农轻商的风尚,对商贾不予以应有的地位和礼遇,对他们处处指责,社会上流行着贱商的思潮。但是到了商品经济发展的明代,商人群体已形成了一股强大势力,在互通有无、促进物资流通、补给生活方面起了不可替代的作用。于是才有如品位很高的李维桢(正二品)乐于为商人李汝衡写序之事。也从一个侧面预示了社会的变化和进步。

余恩鑅

余恩鑅(1808—1893年),字镜波,原名銮,字听韵,龙游县城后高山人。父

余恩鏮像

余可大（1758—1833年），以善画闻名，为武庠生。余恩鏮于清道光十四年（1834年）中顺天乡试举人，咸丰三年（1853年），以知县铨发广东，历任西宁、海阳及东莞、德庆、南雄、文昌、南海等州县，终仕于连州知州，升为道员。至光绪六年（1880年）致仕还乡，因龙游县城的房屋已毁于太平天国战争，便举家迁居衢州化龙巷。余恩鏮为官清廉而敢于任事，长于折狱，问案谨慎，有犯必惩，不畏强御。每莅任，必先书对联于门："除暴可安善良，誓不宥行凶之命；为官若念孙子，岂敢贪造孽之钱。"喜以地方之财办地方之事，尤喜培植人才，鼓励士气，凡书院经费不敷辄捐俸足之。尝言："官有富名，祸也；贵而能贫，福也。"

余恩鏮精于考订，撰有《藏拙轩珍赏》6卷。善画，多作米家云山，工楷书，有诗文集《励志书屋续稿》4卷行世。其与堂侄余撰出资重刊康熙癸丑《龙游县志》之举，使太平天国战乱后成为孤本的康熙志得以流传，对于保存乡邦文献贡献尤大。

子福溥（1847—1895年），字滋泉，以知府分发江西，善画山水，尤喜画牛。长孙士恺（1863—1915年），字子容，号庸伯，广东开建县典史，善画花卉翎毛。次孙庆椿（1865—1895年），龙游凤梧书院山长，善书法，即余绍宋之父。四子庆龄（1867—1918年），字与九，号寸韭，江西候补知县，工书擅画。至于余绍宋，那更是名重一时的书画家和学者。自余可大始，祖孙父子均精书画，有作品传世。余恩鏮为此赋诗：

万金归来不置产，惟有书画子孙遗。

子孙嗜好同一派，亦复重书兼重画。

余恩鑅在广东任官时，家乡龙游和邻县兰溪那些去广东采购药材的行商及中药店采办人员，有事总去找他帮忙，有的还以其府衙为落脚点，关系很好。余恩鑅和在广州开办药号的金衢中药业界的领袖人物、兰溪诸葛村的诸葛锵有很深的交情，两人还共同发起修葺广州的金衢会馆。余恩鑅对于故乡龙游一带的中药业市场情况很熟悉，在中药材的采购供应等方面也有可靠的供货渠道，再加上众人的劝说和鼓励，便决心在家乡龙游县城开办中药房。光绪六年（1880年），余恩鑅致仕还乡，出资银元一千，聘请兰溪人方老利负责经营，开始筹办药店，这时的余恩鑅已是72岁的老人了。经过三年的筹办，光绪九年（1883年），位于龙游县城石板街（今清廉路）十字路口的店屋落成，

药店开张，余恩鑅以其儿子的字（滋泉）、名（福溥）中的第一个字取为店名，名滋福堂。说来也是凑巧，恰在这天，其长曾孙余绍宋出生，可谓双喜临门。

余恩鑅创办滋福堂药店本来就抱有服务桑梓的意愿，加上他长期在广东做官，采购药材有方便之处，所以对药材的选用特别严格，以质量为经营之本。滋福堂当时有自产中药制剂数十种，因用料真，加工精细，配方合理而受到欢迎。不但邻近的店家和行商纷纷前来批发采购，其中的拳头产品产母药、风痛灵、还睛丸等还远销省外。为了保证药品质量，当时店里还自己养鹿取茸。余恩鑅对

滋福堂中药店

职工的要求是很严格的，每个人都有明确的职责；但他对职工也是关心的，老职工因丧失劳动能力离店后，店里仍然按月汇寄钱款，让他们安度晚年。职工们心存感激，自然能自觉维护药店利益和信誉，秉承东家的办店宗旨，在质量和服务上下工夫。

1893年（光绪十九年）镜波公谢世，药店归其子余福溥所有，1895年（光绪二十一年）余福溥去世，滋福堂归其儿子兄弟7人共有。由于权利关系不够分明，兄弟中有人常去药店随便取款使用，滋福堂因此亏损。1919年，余福溥孙子余绍勤为维持祖业，出现金将药店股份买下，独家经营，药店再现兴旺景象，但终因资金不足，多有力不从心之处。为此，1922年余绍勤胞兄余绍宋出资银元一千，由兄弟俩合股经营，经过一番整顿，营业情况随即好转。1930年聘请兰溪人姜本耕为经理，主持店务，这时营业资金已由合股之初的2 000元发展至4 000元。姜是有名的中医，且善于经营店务，滋福堂自此蒸蒸日上，名闻遐迩。后又在城北衢江官驿前码头北岸凤基坤村租用民房堆栈药材，以解决店面不足。这时的滋福堂已跃居县内中药业首位。

余绍勤（1886—1951年）是个亦儒亦商的人物，除滋福堂外，他先后在兰溪县城和衢州开办多家店号。他继承祖上服务乡里、质量为本的经营思想，苦心经营，甚获口碑。1944年夏，占据龙游县城20天的日军撤离时，在滋福堂药店饭灶内暗藏一枚定时炸弹，爆炸后，店屋及日军劫余的药材器具焚毁殆尽。寇退后，县内瘟疫流行，而各药店因遭日军破坏，一时无力开业，群众的生命安全受到了严重威胁。当时滋福堂存于凤基坤的药材幸未损失，余绍勤便设法临时租用县城内另一家中药房店面恢复营业，解决群众燃眉之急。余绍勤还派人冒着危险去敌占区购进一些必不可少的药料，这在当时是很不容易做到的。在他的垂范下，全店员工无不踊跃投入，日夜赶制各种膏丸丹片，仅10天准备就开张营业，因四乡各地群众拥来撮药，柜台上的人连吃饭时间都没有，只得用包子、粽子等充饥，边吃边撮药，各种勤杂人员也都到柜台上帮忙。在这样的情况下，大家在用药质量上仍能做到一丝不苟，不敢有丝毫的马虎疏忽，更不会趁生意特好之机搞假冒伪劣的勾当。翌年初，新店屋在原址建成，计二层楼1幢，平房6间。以后数年为滋福堂全盛期，资本额增至2万元，职工20人，并请有名中医坐堂门诊。

余绍勤像

1949年5月龙游解放，1951年秋，余绍勤响应政府号召，与城内其他中药店联营。1956年参加公私合营，改为城关国药店第一门市部。余绍勤一直在店中工作，直至病逝。

余氏家族积数代家学渊源，终于培养出了余绍宋这样的一代文化名人。同时，余氏家族又能发扬龙游商帮的传统，摈弃当时士大夫阶层鄙视商业羞于言利的成见，创办滋福堂中药店，并经数代人的努力，以市场法则办事，使滋福堂药店不断发展兴旺。显示了深厚的文化积累和家庭总体的良好素质修养，也为龙游的历史留下了一段佳话。

主要参考文献

《左传》。

《国语》。

〔南朝·宋〕范晔撰,〔南朝·梁〕刘昭补并注,〔唐〕李贤注:《后汉书》。

〔唐〕李吉甫撰:《元和郡县图志》。

〔后晋〕刘昫等撰:《旧唐书》。

〔宋〕范质、赵普等编:《宋会要》。

〔宋〕乐史撰:《太平寰宇记》。

〔宋〕王存撰:《元丰九域志》。

〔宋〕范成大撰:《范成大笔记六种·骖鸾录》。

〔明〕张居正撰:《张文忠公全集》。

〔明〕王士性撰:《广志绎》。

〔明〕徐弘祖撰:《徐霞客游记》。

〔明〕李维桢撰:《大泌山房集》。

〔明〕张大复撰:《梅花草堂集》。

〔明〕卢之颐撰:《本草乘雅半偈》。

〔明〕憺漪子编:《新刻士商要览》。

〔明〕万廷谦纂修:万历《龙游县志》。

〔明〕林应翔修,叶秉敬等纂:天启《衢州府志》。

〔清〕张廷玉等撰：《明史》。

〔清〕黄宗羲编：《明文海》。

〔清〕顾炎武撰：《天下郡国利病书》。

〔清〕顾炎武撰：《肇域志》。

〔清〕顾祖禹撰：《读史方舆纪要》。

〔清〕嵇曾筠、李卫等纂修：雍正《浙江通志》。

〔清〕杨廷望修：康熙《衢州府志》。

〔清〕余恂等纂：康熙《龙游县志》。

〔清〕王彬、孙晋梓、朱宝慈纂修：同治《江山县志》。

〔清〕徐名立等修，潘树棠纂：光绪《开化县志》。

〔清〕李瑞钟修辑：光绪《常山县志》。

〔清〕穆彰阿、潘锡恩等撰：《清一统志》。

〔清〕王先谦撰：《〈汉书〉补注》。

〔清〕郭麟撰：《江行日记》。

〔民国〕余绍宋撰辑：《龙游县志》。

〔民国〕郑永禧纂辑：《衢县志》。

〔民国〕余绍宋著：《余绍宋日记》，中华书局2012年。

龙游塔石童岗坞《桐冈童氏族谱》(1926年)

龙游模环上毛村《毛氏宗谱》(1943年)。

朱望法主编：《浙江古代道路交通史》，浙江古籍出版社1992年。

张海鹏、张海瀛主编：《中国十大商帮》，黄山书社1993年。

衢州市志编纂委员会编：《衢州市志》，浙江人民出版社1994年。

陈学文著：《龙游商帮》，台湾万象图书有限公司1995年。

旅港南海平地黄氏同乡会有限公司编印：《南海平地黄氏族谱》(1995年)。

范勇著：《中国商脉》，西南财经大学出版社1996年。

曹天生著：《中国商人》，安徽大学出版社2001年。

陈学文撰：《我与龙游商帮的研究》，《信息参考》2003年第7期。

包伟民、傅俊撰：《从"龙游商帮"概念的演进说学术失范现象》，《福建论坛·人文社会科学版》，2004年第3期。

陈学文著：《龙游商帮研究：近世中国著名商帮之一》，杭州出版社2004年。

白寿彝总主编，王毓铨主编：《中国通史》，上海人民出版社2004年。

陈剩勇著：《浙江通史·明代卷》，浙江人民出版社2005年。

徐江都撰：《衢州古道纵横谈》，衢州历史文化研究会秘书处编《历史文化研究》第五辑（2005年12月）。

平地村志编纂组编：《南海市盐步街道平地村志》（2006年）。

傅衣凌著：《明清社会经济史论文集》，中华书局2008年。

徐宇宁主编，占剑、郑奇平副主编：《衢州简史》，浙江人民出版社2008年。

诸葛村志编纂委员会编：《诸葛村志》，西泠印社2013年。

兰溪市地方志编纂委员会编：《兰溪市志》，浙江人民出版社2013年。

陈定謇著：《信安旧事》，衢州印象文化传播有限公司2016年。